Lexis Rex
Spanish Crossı
Level 2, Volume 1

Welcome to the Lexis Rex Spanish Crossword series, Level 2, specially created for intermediate Spanish language students. Level 2 crosswords draw from a larger set of vocabulary than Level 1, and have bigger puzzles.

In this volume there are 125 crosswords to keep you practiced in Spanish vocabulary, all of the clues are given in English. We have chosen the words from a set of the most common Spanish words, words you will find very useful to know as you continue to build your Spanish mastery.

Some notes about the clues: For verb conjugations, we give the personal pronoun in parenthesis in the English clue to indicate the inflection of the answer. For the case of the English *you* we also show the appropriate Spanish pronoun for the various cases, e.g. *(you/usted)* or *(you/ustedes)*. For the verb tenses, we have limited the modes to the indicative and the conditional, and we use a regular form for the English clues to indicate which tense. So for example you will find clues for the present tense verb *voy, (I) go*, the past imperfect *iba, (I) was going* or *(I) used to go*, the past perfect *fui, (I) went*, the future *iré, (I) will go*, and the conditional *iría, (I) would go*.

There are also common Spanish phrases (the clue will show the number of letters in each word of the phrase), plurals and in some cases the clue will indicate that the feminine version of a word is required.

We hope you enjoy our crosswords, a great way to challenge your Spanish knowledge and discover new words.

Published by Lexis Rex Language Books
Brisbane, Australia
support@lexisrex.com

Copyright © Lexis Rex 2014.

ISBN 978-0-9942082-2-4

Across

1. dogs
4. *(he, she)* used to be
   (I) used to be
6. answers, responses
7. to come back, return
9. several
10. twenty three
12. still, yet
13. kingdoms

Down

1. *(numbers)* even pair
2. resolution
3. mother-in-law
4. *(you/ustedes)* were
   (they) were
5. anxieties, apprehensions
7. *(you-usted)* were returning
   (he, she) was returning
8. to avoid
11. his, her, your, their *(pl)*

No. 2

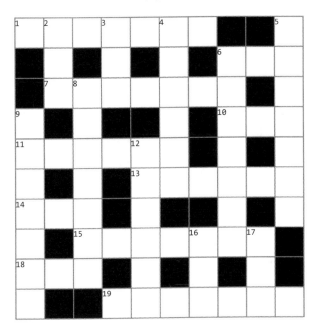

Across

1. places
6. gas
7. to set aside
   to separate or divide
10. year
11. *(he, she)* was passing
    (you/usted) were passing
13. above, over
14. aunt
15. *(we)* ought to, owe
18. uncle
19. murderer

Down

2. a, an *(fem)*
3. wing
4. to enter
5. brooms
6. hail
8. fish
9. appetite
12. beards
16. more
17. minus, without

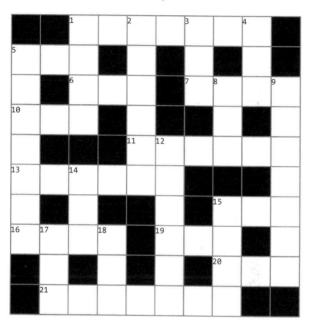

Across

1. drill
5. *(he, she)* gave
   (you-usted) gave
6. *(you/ustedes)* give
   (they) give
7. used to encourage or challenge, go!; let me see *(1,3)*
10. that, that over there
11. separately, aside
13. theatre
15. thirst
16. but *(on the contrary, but rather)*
19. river
20. the
21. lawyer

Down

1. all
2. to throw, launch
3. day
4. *(he, she)* hears
   (you/usted) hear
5. teeth
8. to see
9. reins
12. *(he, she)* could be able to
    (you/usted) could be able to
14. actually, even, indeed
15. sole, only
17. anger
18. bear

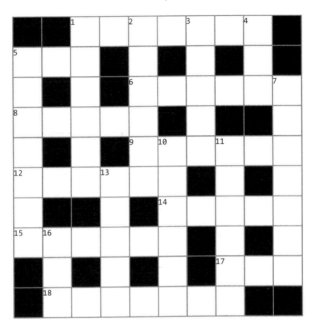

Across

1. begin, commence, start
5. *(you/ustedes)* have
   (they) have
6. sound
8. queen
9. to desire
12. *(you/ustedes)* finish, end
    (they) finish, end
14. to believe
15. *(he, she)* brings close, approaches
    (you/usted) bring close, approach
17. us
18. called, named

Down

1. over, at the top of
2. a pass, transit, crossing
   wonder, marvel
   (something astonishing)
3. areas
4. web, net
5. sister
7. workers
10. abed, in bed *(2,4)*
11. eternal, everlasting, perpetual
13. mockery, taunt, ridicule
16. cabbage

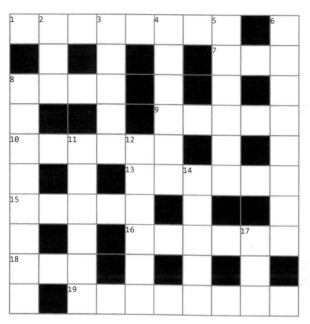

Across

1. painters
7. grape
8. bad
   sick
9. *(I)* would say
   (he, she) would say
10. husband, mate, spouse
13. mirror
15. to have, possess
16. character, nature
18. *(I)* love
    master
19. to sit, to sit down

Down

2. *(I)* was going
   (he, she) was going
3. piece
4. noises
5. luck
6. cabin, cockpit
8. whereas, while
11. points
12. *(they)* could be
    (you/ustedes) could be
14. *(he, she)* used to be able to,
    could
    (I) used to be able to, could
17. the

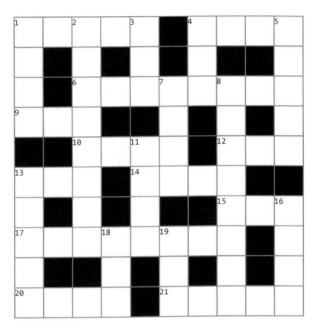

Across

1. heaven, sky
4. coat
   layer
6. not at all, absolutely not *(4,4)*
9. wave
10. expensive, dear
12. use
13. *(I)* was
    (I) went
14. *(you/ustedes)* used to be
    (they) used to be
15. so, such, thereby, thus
17. absolute
20. she
21. sand

Down

1. elbow
2. spaces
3. to hear
4. with
   by, by means of, on,
   through
5. *(I)* finish, end
7. affection, love
8. *(just)* about to *(1,5,2)*
11. actual, practical
13. phrase, sentence
16. cream
18. *(I)* was hearing
    (you/usted) were hearing
19. finger nail

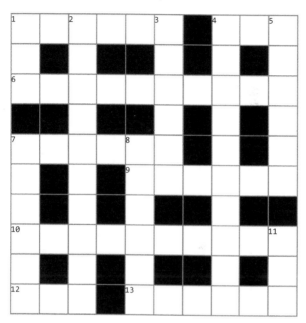

Across

1. twenty
4. *(you/tú)* give
6. face
   surface
7. to lose
9. exit
10. belts
12. bird
13. announcements, warnings

Down

1. *(you/tú)* go
2. important
3. sphere
4. decisions
5. mother-in-law
7. coat hanger
8. stove
11. his, her, your, their *(pl)*

No. 8

Across

1. *(they)* finished, ended
   (you/ustedes) finished, ended
7. that, that one
   those
8. to read
9. cave
10. garage
13. sword
15. roses
16. weather
18. gold
19. to hold

Down

2. *(you/usted)* fall, collapse
   (he, she) falls, collapses
3. beard
4. roots
5. refrigerator
6. separated
8. lizards
11. remains, remainders
12. gesture; expression
14. *(he, she)* can
   (you/usted) can
17. foot

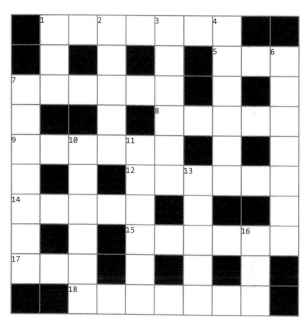

Across

1. avenue
5. such, such a, that kind of
7. *(it)* seems
8. blanket
9. pilot
12. spouse
14. fight
15. land
17. to be *(in essence, identified as)*
18. lawyer

Down

1. wing
2. January
3. *(we)* will go
4. attentive, heedful
6. a call
7. papers
10. madness
11. theatre
13. poem
16. river

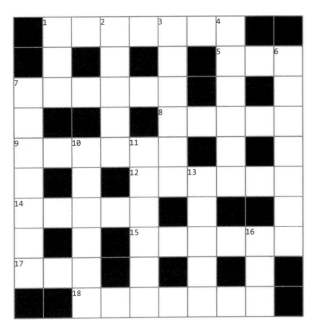

Across

1. suddenly, all of a sudden (2,5)
5. *(you/tú)* see
7. *(you/usted)* used to be
   (I) used to be
8. metal
9. proof, evidence
12. *(they)* enter
    (you/ustedes) enter
14. cubes
15. evenings
17. *(he, she)* used to be
    (I) used to be
18. called, named

Down

1. two
2. serious
3. *(you/ustedes)* call
   (they) call
4. to avoid
6. living rooms
7. species
10. doorstep, sill, threshold
11. animal, beast
13. task; homework
16. that, that over there

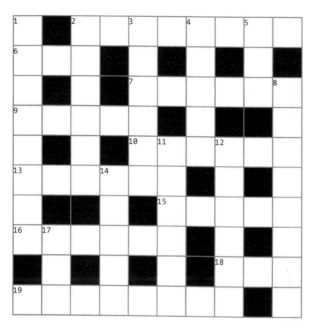

Across

2. to explain
6. still, yet
7. soils
9. flame
10. baton, cane, staff, stick
13. to treat *(like or medically)* (...... *de)* to try
15. kingdom, realm, state
16. *(I)* feel
18. aunt
19. cabin, cockpit

Down

1. cookies
2. abed, in bed *(2,4)*
3. *(he, she)* was passing *(I)* was passing
4. ideas
5. year
8. symptoms
11. stream
12. sad
14. *(he, she)* used to have, possess *(you/usted)* used to have, possess
17. anger

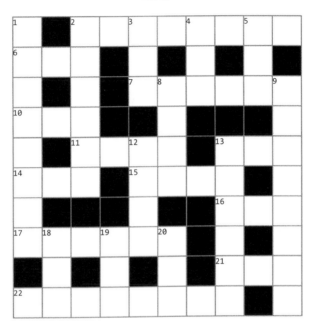

Across

2. just as well, thank God, phew *(5,3)*
6. eye
7. watermelon
10. *(you/usted)* were
    (you/usted) went
11. nothing
13. *(I)* went
    (I) was
14. *(I)* see
15. east
    this, this one
16. with
    by, by means of, on, through
17. to break
21. *(I)* love
    master
22. days

Down

1. please *(3,5)*
2. brown
3. us
4. *(you/ustedes)* are
    (they) are
5. over there, there, yon, yonder
8. wings
9. seats
12. *(he, she)* ought to, owes
13. dates
18. bear
19. bread
20. web, net

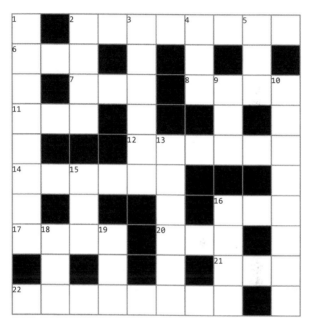

Across

2. knees
6. *(he, she)* was going
   (you/usted) were going
7. more
8. zone
11. *(I)* was hearing
    (you/usted) were hearing
12. outside
14. camera
16. a, an *(fem)*
17. other, another
20. *(you/tú)* give
21. wave
22. smiles

Down

1. divorce
2. tree branch
3. to desire
4. light
5. actually, even, indeed
9. *(you/usted)* hear
   (he, she) hears
10. *(they)* were finishing, end
    (you/ustedes) were
    finishing, end
13. skirts
15. sea
16. uses
18. uncle
19. to hear

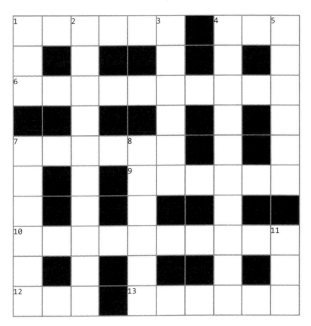

Across

1. *(you/ustedes)* come
   (they) come
4. day
6. accidents
7. animal
9. several
10. characters
12. gold
13. signs

Down

1. way
   road
2. desk
3. fog
4. *(you/ustedes)* stopped,
   arrested
   (they) stopped, arrested
5. anxieties, apprehensions
7. affection
8. occasionally, several times,
   sometimes *(1,5)*
11. his, her, your, their *(pl)*

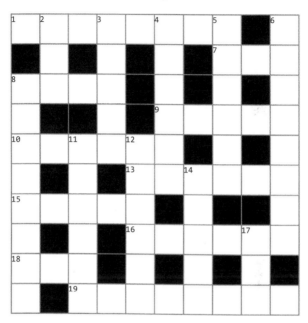

Across

1. *(they)* finished, ended
   (you/ustedes) finished, ended
7. that, that one
   those
8. pear
9. cave
10. *(he, she)* knows, is familiar with
13. sword
15. liquor
16. donation, gift, present
18. bird
19. surprise

Down

2. *(you/usted)* fall, collapse
   (he, she) falls, collapses
3. fierce, angry, furious
   brave
4. roots
5. refrigerator
6. separated
8. own, personal, proper,
   very
11. nights
12. to close, shut
14. to stick
    to glue
17. the

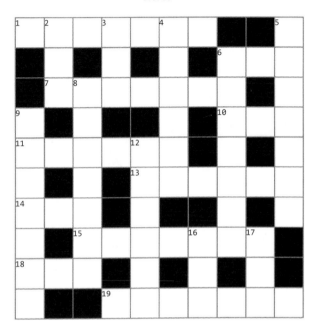

Across

1. *(they)* left *(behind)*, let *(you/ustedes)* left *(behind)*, let
6. *(you/tú)* see
7. *(he, she)* appears, turns up *(you/usted)* appear, turn up
10. minus, without
11. *(female)* servant
13. style
14. grape
15. devils
18. river
19. teacher

Down

2. *(he, she)* used to be *(I)* used to be
3. wing
4. sheep *(plural)*
5. subjects
6. dress
8. personal, private
9. October
12. *(he, she)* was leaving *(behind)*, letting *(you/usted)* were leaving *(behind)*, letting
16. the
17. to be *(in essence, identified as)*

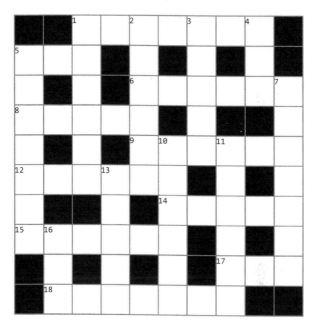

Across

1. poisons
5. that, that over there
6. measure, measurement
8. car
9. remains, remainders
12. banks
14. to fix, to fasten, to set, to establish, to determine
15. *(he, she)* feels *(you/usted)* feel
17. *(he, she)* gave *(you-usted)* gave
18. lawyer

Down

1. volcano
2. number
3. knots
4. thirst
5. brooms
7. absurd
10. sphere
11. roof
13. five
16. anger

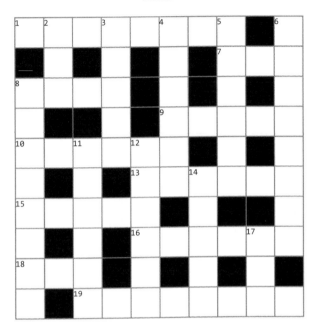

Across

1. nowadays, these days *(3,2,3)*
7. such, such a, that kind of
8. bull
9. blanket
10. as if, as though *(4,2)*
13. stream
15. author
16. sad
18. bear
19. symptoms

Down

2. eye
3. anger, choler, ire, wrath
4. be asleep, sleep
5. attentive, heedful
6. after *(a period of time)* *(2,4,2)*
8. keyboards
11. meters
12. frying pan
14. kingdom, realm, state
17. aunt

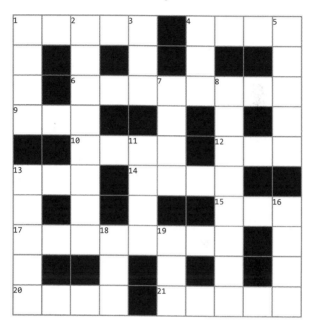

Across

1. pig
4. leaf
6. sailor
9. *(he, she)* was
   (you/usted) went
10. deity, divinity, god
12. uncle
13. *(I)* was
    (I) went
14. to read
15. still, yet
17. to whisper
20. side
21. where

Down

1. chef
2. remedies
3. to hear
4. *(you/ustedes)* have
   (they) have
5. support
7. to absent onself, go away, leave
8. *(you/ustedes)* entered
   (they) entered
11. odour, scent, smell
13. gun, rifle
16. cloud
18. one
19. web, net

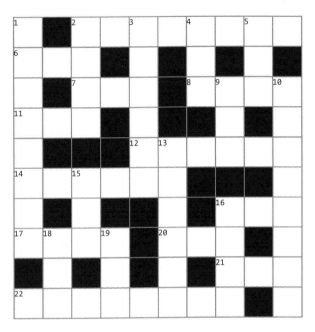

Across

2. will, willingness, wish
6. day
7. with
   by, by means of, on, through
8. but *(on the contrary, but rather)*
11. a, an *(fem)*
12. *(you/vosotros)* have
14. rules; rulers
16. *(numbers)* even
    pair
17. Russian
20. that
    what a, what kind, what kind of, what sort of
    than
21. wave
22. to taste

Down

1. to acquire
2. cow
3. boat
4. us
5. actually, even, indeed
9. *(I)* will go
10. to observe
13. so, thus *(3,3)*
15. gas
16. worse
18. finger nail
19. gold

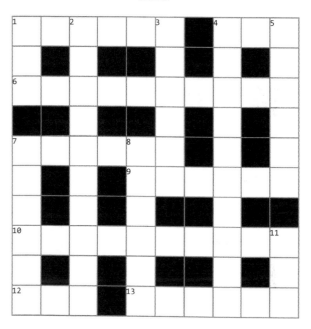

Across

1. pedestrian
4. thousand
6. interview
   assembly, gathering, meeting
7. thumb
9. neighbourhood
10. wheelbarrow
12. *(I) was hearing*
    (he, she) was hearing
13. ocean

Down

1. foot
2. artillery
3. refrigerator
4. mask
5. crying
7. price
8. grandfather
11. year

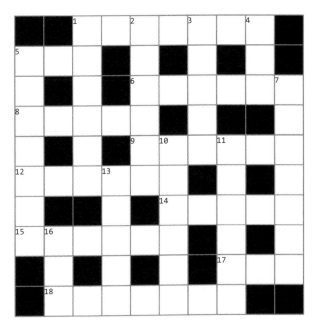

Across

1. swords
5. month
6. common, straightforward, unpretentious
8. flame
9. to desire
12. troops
14. to touch
15. watermelon
17. more
18. *(I)* was finishing, end
    (he, she) was finishing, end

Down

1. state
   (has) been
2. wonder, marvel
   (something astonishing)
   a pass, transit, crossing
3. *(the)* other, remaining
   besides
4. sun
5. suitcases
7. errors
10. *(I)* used to be
    (he, she) used to be
11. over, at the top of
13. *(he, she)* used to be able to, could
    (I) used to be able to, could
16. wing

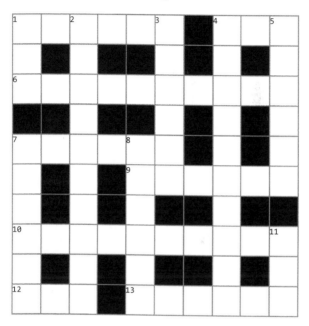

Across

1. image, picture
4. *(you/usted)* used to be
   (I) used to be
6. appearance
7. present, current
9. to sing
10. qualities
12. river
13. *(you/ustedes)* enter
    (they) enter

Down

1. anger
2. cliff
3. fog
4. charming, lovely
5. to finish, end
7. sugar
8. oil
11. minus, without

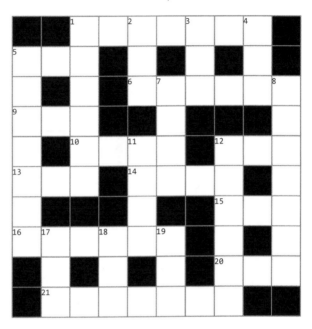

Across

1. motives
5. *(I)* love
   master
6. aboard *(1,5)*
9. bird
10. loyal
12. by, for, through
13. *(he, she)* gave
    (you-usted) gave
14. race, ethnicity
15. to be *(in essence, identified as)*
16. centuries
20. *(you/tú)* give
21. absurd

Down

1. model
2. aunt
3. *(I)* see
4. thirst
5. coffins
7. bullet
8. workers
11. bow
    arch
12. the past
17. *(you/usted)* were going
    (he, she) was going
18. the
19. south

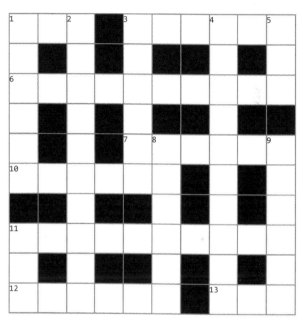

Across

1. *(you/usted)* went
   (you/usted) were
3. walks, strolls
6. accidents
7. *(you/usted)* were leaving *(behind)*, letting
   (I) was leaving *(behind)*, letting
10. places
11. anybody, anyone, whatever, whatsoever, whichever, whoever
12. enormous
13. bear

Down

1. sentences
2. found
3. order, booking
4. foreigner
5. his, her, your, their *(pl)*
8. *(I)* was
9. next to, beside *(2,4)*
11. *(he, she)* falls, collapses
    (you/usted) fall, collapse

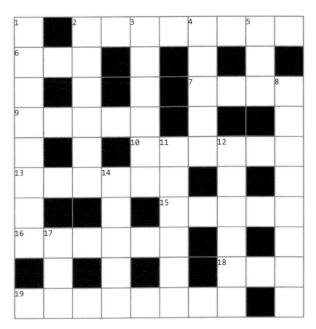

Across

2. remedies
6. finger nail
7. drop, fall, lapse
9. car
10. remains, remainders
13. *(they)* look for
    (you/ustedes) look for
15. thirteen
16. name
18. day
19. for now *(3,5)*

Down

1. *(they)* were looking for
   (you/ustedes) were
   looking for
2. roots
3. timber, wood
4. *(you/tú)* say
5. *(you/usted)* hear
   (he, she) hears
8. to respect
11. whole, entire
12. shop
14. goat
17. gold

No. 27

Across

1. weight
3. court
   cut, haircut
6. horsepower
9. a, an *(fem)*
10. to hear
11. ship
13. actual, practical
14. the
16. *(you/usted)* were hearing
    (he, she) was hearing
17. cabin, cockpit
20. autumn, fall
21. *(I)* say

Down

1. chest
2. wave
3. cabbage
4. determined
5. she
7. drunk, intoxicated
8. moon
12. soul
15. floor
16. *(I)* hear
18. mine, my
19. web, net

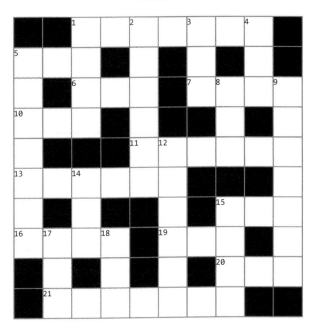

Across

1. lemons
5. foot
6. that, that one
   those
7. *(you/usted)* go out, leave
   (he, she) goes out, leaves
10. to give
11. size
13. marble
15. *(I)* went
    (I) was
16. her, his, its, their
19. one
20. so, such, thereby, thus
21. lawyer

Down

1. to read
2. dead, deceased
3. us
4. sun
5. *(we)* can
8. wing
9. emotion
12. altitude, elevation, height
14. king
15. photograph
17. grape
18. eye

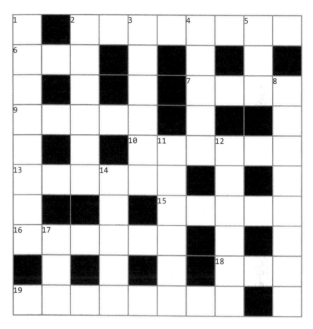

Across

2. forty
6. use
7. it
9. paper
10. lions
13. features, traits
15. to touch
16. *(he, she)* was following
   (I) was following
18. *(he, she)* used to be
   (you/usted) used to be
19. *(you/ustedes)* know, are
   familiar with

Down

1. sighs
2. compass *(for drawing
   circle)*
3. ring
4. January
5. such, such a, that kind of
8. to observe
11. *(I)* will be
12. nights
14. band
17. that, that over there

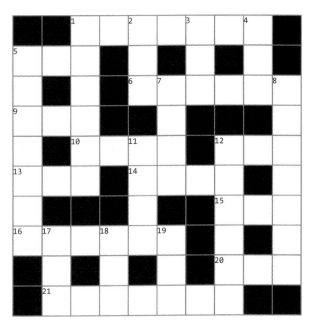

Across

1. maids
5. *(I)* see
6. aboard *(1,5)*
9. to see
10. age
12. by, for, through
13. sea
14. *(you/usted)* were falling, collapsing
   (he, she) was falling, collapsing
15. to be *(in essence, identified as)*
16. centuries
20. two
21. absurd

Down

1. to run
2. anger
3. *(he, she)* gave
   (you-usted) gave
4. thirst
5. *(we)* live
   (we) lived
7. wedding
8. workers
11. act, action
12. the past
17. *(he, she)* was going
   (I) was going
18. the
19. south

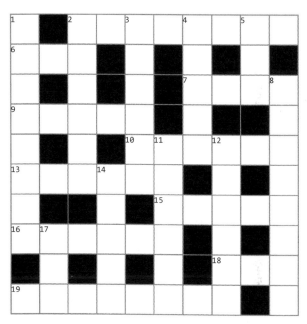

Across

2. scarves
6. year
7. three
9. wheat
10. *(they)* could be
    (you/ustedes) could be
13. degrees, grades
15. costume, dress, outfit, suit
16. *(you/usted)* will go out, leave
    (he, she) will go out, leave
18. bear
19. smiles

Down

1. punishments, penalties
2. horn *(car, bike)*
3. famous
4. to note
5. bird
8. trails, paths
11. *(you/vosotros)* are
12. *(we)* were going
14. doubt, question
17. *(I)* love
    master

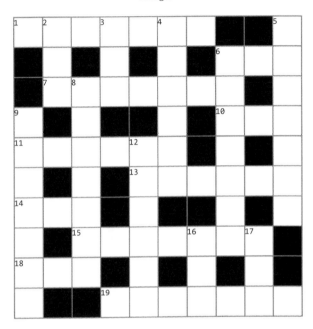

Across

1. study
6. month
7. called, named
10. *(they)* are
    (you/ustedes) are
11. lover
13. in vain, to no avail, uselessly *(2,4)*
14. aunt
15. armchairs
18. day
19. to put on, wear
    to set *(sun)*

Down

2. salt
3. finger nail
4. image, picture
5. subjects
6. mustard
8. *(I)* was calling
   (he, she) was calling
9. game
   political party
12. theatre
16. *(he, she)* falls, collapses
    (you/usted) fall, collapse
17. his, her, your, their *(pl)*

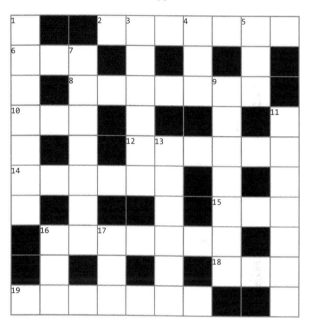

Across

2. *(we)* left *(behind)*, let *(we)* leave *(behind)*, let
6. a, an *(fem)*
8. to detain, arrest
10. *(you/usted)* hear *(he, she)* hears
12. alarm, alert
14. whole, entire
15. pair *(numbers)* even
16. to move *(oneself)*
18. *(you/usted)* were hearing *(he, she)* was hearing
19. plain

Down

1. letter boxes
3. to enter
4. still, yet
5. to hear
7. indoors
9. European
11. *(you/ustedes)* could have *(they)* could have
13. to acheive, accomplish
16. bad, badly
17. *(you/ustedes)* go *(they)* go

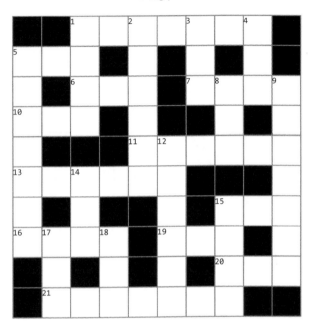

Across

1. meals
5. one
6. web, net
7. *(he, she)* goes out, leaves
   (you/usted) go out, leave
10. uncle
11. distant, far, remote
13. desires
15. *(I)* was
   (I) went
16. her, his, its, their
19. gold
20. so, such, thereby, thus
21. lawyer

Down

1. choir
2. model
3. *(you/tú)* give
4. sun
5. you
8. wing
9. emotion
12. spouse
14. *(I)* am
15. photograph
17. grape
18. eye

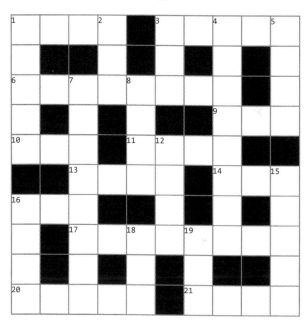

Across

1. twelve
3. even, flat, level
6. begin, commence, start
9. that, that over there
10. minus, without
11. fine, okay, well
13. to smell
14. to give
16. *(you/tú)* see
17. miracles
20. classrooms
21. *(I)* follow

Down

1. *(you/tú)* say
2. that, that one
   those
3. light
4. to learn
5. *(I)* hear
7. just as well, thank God,
   phew *(5,3)*
8. cloud
12. *(you/usted)* could go
    (he, she) could go
15. rest, remainder
16. candle
    sail
18. the
19. gas

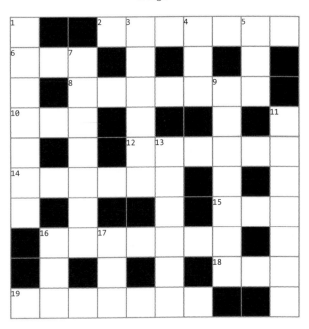

Across

2. neighbors
6. sea
8. entrance
10. us
12. (you/usted) were leaving (behind), letting (he, she) was leaving (behind), letting
14. owners, proprietors
15. the
16. almost (3,4)
18. to be (in essence, identified as)
19. to make better, improve

Down

1. often (habitually) (1,6)
3. state (has) been
4. anger
5. wave
7. respect
9. devils
11. teacher
13. broom
16. foot
17. river

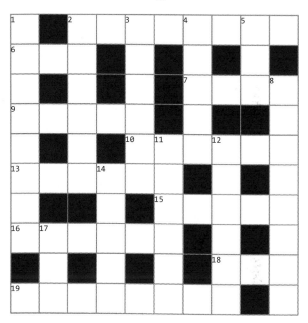

Across

2. words
6. bird
7. eyes
9. mouse
10. *(you/ustedes)* finish, end
    (they) finish, end
13. *(he, she)* will have, possess
    (you/usted) will have, possess
15. museum
16. *(I)* was following
    (you/usted) were following
18. *(I)* was going
    (he, she) was going
19. not at all, absolutely not *(4,4)*

Down

1. wagons
2. pedestrian
3. to fill
4. joke
5. year
8. symptoms
11. camera
12. animal, beast
14. debt, obligation
17. *(you/usted)* used to be
    (he, she) used to be

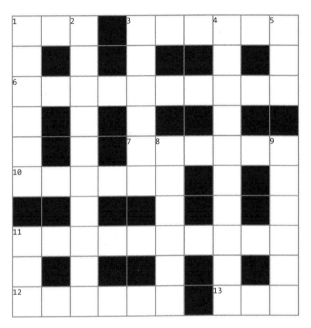

Across

1. *(you/tú)* go
3. scents
6. *(you/ustedes)* meet
   (they) meet
7. cabin, hut
10. *(they)* enter
    (you/ustedes) enter
11. *(you/ustedes)* directed,
    managed
    (they) directed, managed
12. smells, scents
13. his, her, your, their *(pl)*

Down

1. *(you-usted)* return
   (he, she) returns
2. secretary
3. about
   (you/usted) bring close,
   approach
4. markers, bookmarks
5. *(you/ustedes)* are
   (they) are
8. anxieties, apprehensions
9. barely, hardly, only just,
   scarcely
11. *(you-usted)* gave
    (he, she) gave

No. 39

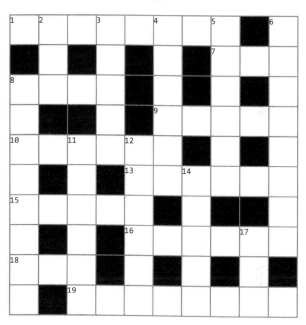

Across

1. absence
7. bad, badly
8. step
   (I) pass
9. lip
10. husband, mate, spouse
13. sphere
15. April
16. tire
18. (I) love
    master
19. systems

Down

2. finger nail
3. anger, choler, ire, wrath
4. heavens
5. friendly
6. pillow
8. to prepare
11. dogs
12. seals; stamps
14. phrase, sentence
17. aunt

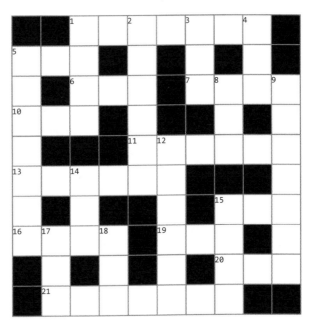

Across

1. exits
5. uncle
6. bread
7. *(you/usted)* go out, leave
   (he, she) goes out, leaves
10. grape
11. next to, beside *(2,4)*
13. number
15. *(I)* was
    (I) went
16. sole, only
19. one
20. so, such, thereby, thus
21. lawyer

Down

1. soup
2. to throw, launch
3. *(you/tú)* give
4. sun
5. thunder
8. wing
9. emotion
12. madness
14. thousand
15. photograph
17. *(he, she)* was hearing
    (you/usted) were hearing
18. eye

No. 41

Across

2. *(just)* about to *(1,5,2)*
6. by, for, through
7. to think
9. noise
10. coal
    smut
13. nails, spikes
15. support
16. present, current
18. *(you/usted)* fall, collapse
    (he, she) falls, collapses
19. after *(a period of time) (2,4,2)*

Down

1. *(he, she)* was appearing
   (I) was appearing
2. above, over
3. a little *(2,4)*
4. to have, possess
5. day
8. corners
11. safe and sound *(1,5)*
12. bronze
14. widow
17. cabbage

No. 42

Across

1. memory
5. the
7. bears
9. anger
10. minus, without
11. tyrant
13. *(I)* was
15. us
17. that, that one
    those
18. mode, manner
20. web, net
21. to grip

Down

1. more
2. month
3. kingdoms
4. wings
6. trail, path
7. to obtain
8. to hear
12. refrigerator
14. use
16. silk
18. sea
19. to give

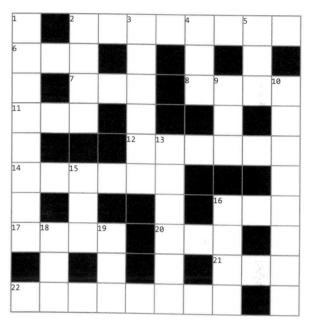

Across

2. own, personal, proper, very
6. year
7. with
   by, by means of, on, through
8. but *(on the contrary, but rather)*
11. river
12. *(you/vosotros)* are
14. novel
16. south
17. her, his, its, their
20. *(I)* see
21. *(he, she)* was going
   (you/usted) were going
22. words

Down

1. godparents
2. little, scarce
3. chisel
4. the
5. still, yet
9. *(you/usted)* will go
   (he, she) will go
10. to observe
13. to save, rescue
15. *(I)* go
16. *(you/vosotros)* are
18. a, an *(fem)*
19. wave

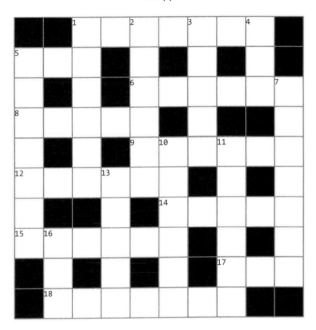

Across

1. trial
   process
5. that, that over there
6. to break
8. tower
9. remains, remainders
12. worlds
14. thirteen
15. *(I)* was following
    (you/usted) were following
17. *(he, she)* gave
    (you-usted) gave
18. *(he, she)* was finishing, end
    (I) was finishing, end

Down

1. *(you/ustedes)* will be able to
   (they) will be able to
2. worker, laborer
3. furthermore *(2,3)*
4. *(you/usted)* hear
   (he, she) hears
5. *(we)* are
7. respect
10. *(I)* used to be
    (you/usted) used to be
11. shop
13. debt, obligation
16. *(I)* used to be
    (you/usted) used to be

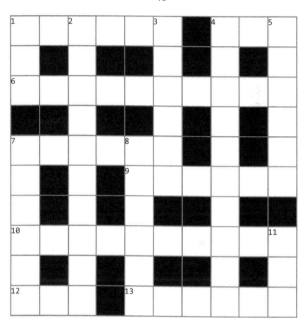

Across

1. iron *(metal)*
4. mine, my
6. birth
7. animal
9. beards
10. wheelbarrow
12. gold
13. abyss, chasm, gulf

Down

1. *(they)* have
   (you/ustedes) have
2. desk
3. *(river)* bank, shore
4. jaws
5. smells, scents
7. affection
8. grandmother
11. *(I)* love
    master

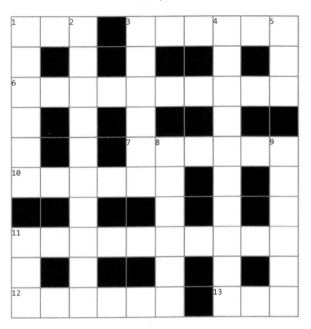

Across

1. voice, vote
3. way, manner
6. face
   surface
7. horn *(car, bike)*
10. friends *(female)*
11. hairdressers
12. face
13. his, her, your, their *(pl)*

Down

1. call, visit
2. slippers, sneakers
3. *(he, she)* was looking at, watching
   (I) was looking at, watching
4. writers
5. bird
8. dark
9. announcements, warnings
11. pair
    (numbers) even

No. 47

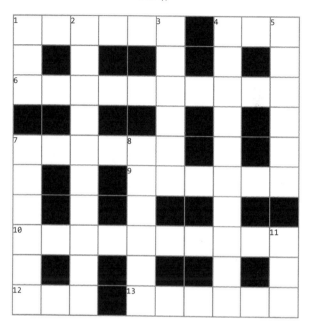

Across
1. grace, mercy
4. such, such a, that kind of
6. secretary
7. to think
9. songs
10. bedroom
12. *(you/tú)* give
13. broom

Down
1. gas
2. elevators, lifts
3. altitude, elevation, height
4. territory, turf
5. lions
7. pity
8. oil
11. *(he, she)* was hearing
   (I) was hearing

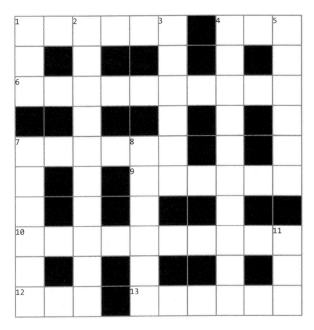

Across
1. to come back, return
4. to see
6. ambitions
7. therefore, that is why *(3,3)*
9. asylums
10. dawns
12. us
13. *(you/ustedes)* heard
   (they) heard

Down
1. way
   road
2. freedoms
3. noises
4. fan
5. features, traits
7. lung
8. greeting
11. *(they)* are
   (you/ustedes) are

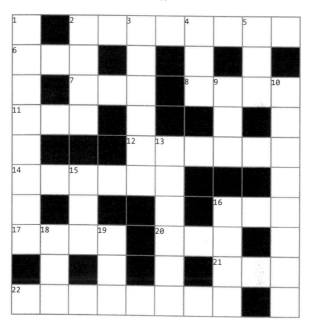

Across

2. formulas
6. *(I) went*
   (I) was
7. that, that one
   those
8. bears
11. cabbage
12. claws
14. bride and groom
16. to be *(in essence, identified as)*
17. but *(on the contrary, but rather)*
20. that
    what a, what kind, what kind of, what sort of
    than
21. aunt
22. laundry

Down

1. offices
2. faithful, loyal
3. risk, danger
4. one
5. year
9. south
10. to whisper
13. so, thus *(3,3)*
15. *(you/ustedes)* go
    (they) go
16. hedge
18. *(he, she)* was going
    (I) was going
19. wave

Across

2. shots
6. eye
7. with
   by, by means of, on, through
8. used to encourage or challenge, go!; let me see *(1,3)*
11. *(he, she)* was
    (you/usted) were
12. gods
14. *(you/ustedes)* saw
    (they) saw
16. *(he, she)* falls, collapses
    (you/usted) fall, collapse
17. actual, practical
20. uncle
21. day
22. pocket

Down

1. please *(3,5)*
2. twelve
3. sound
4. wing
5. *(you/usted)* hear
   (he, she) hears
9. *(you/tú)* go
10. to respect
13. useless
15. *(he, she)* used to be
    (you/usted) used to be
16. elbow
18. that, that over there
19. the

No. 51

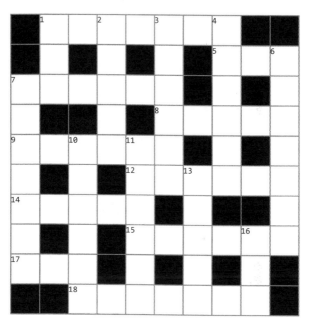

Across

1. reins
5. a, an *(fem)*
7. *(he, she)* knows, is familiar with
8. ruler
9. husband, mate, spouse
12. abed, in bed *(2,4)*
14. to be able to, can
15. *(I)* return
17. thirst
18. workers

Down

1. river
2. anger, choler, ire, wrath
3. *(they)* gave
   (you-ustedes) gave
4. mother-in-law
6. apparatus, appliance, device
7. bodies
10. order, booking
11. to serve
13. to believe
16. *(you/tú)* see

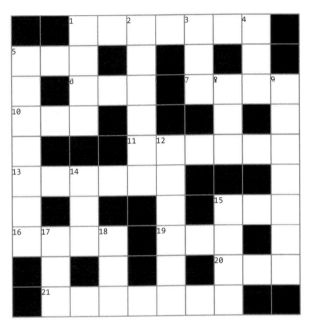

Across

1. *(we)* know
5. *(I)* love
   master
6. the
7. *(you/usted)* go out, leave
   (he, she) goes out, leaves
10. mine, my
11. barely, hardly, only just, scarcely
13. refrigerator
15. to hear
16. her, his, its, their
19. so, such, thereby, thus
20. *(he, she)* gave
   (you-usted) gave
21. lawyer

Down

1. sole, only
2. to seek, to search for, to look for
3. more
4. sun
5. anyway, at least *(2,5)*
8. still, yet
9. seriously, in earnest *(2,5)*
12. a pass, transit, crossing
    wonder, marvel
    (something astonishing)
14. *(I)* go
15. hearing
17. grape
18. gold

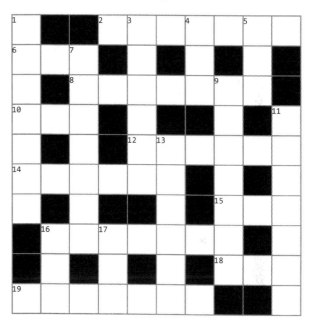

Across

2. cuddles, caresses
6. actually, even, indeed
8. a threat, menace
10. pair
    (numbers) even
12. a purchase
14. to count
    to tell, narrate
15. such, such a, that kind of
16. hallway
18. minus, without
19. glow, shine

Down

1. either
3. *(he, she)* brings close, approaches
   (you/usted) bring close, approach
4. anger
5. *(he, she)* was hearing
   (I) was hearing
7. orange
9. shoes
11. whale
13. *(river)* bank, shore
16. by, for, through
17. salt

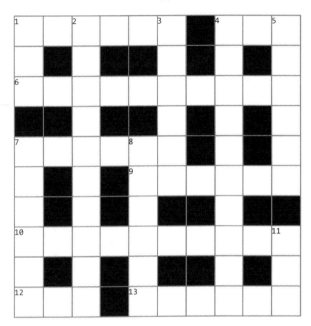

Across

1. a lot of, much, plenty of
4. gas
6. slowly
7. thumb
9. size
10. beginnings
12. *(they)* are
    (you/ustedes) are
13. kingdoms

Down

1. bad, badly
2. conclusion
3. shade, shadow
4. generation
5. *(I)* feel
7. octopuses
8. to attack
11. his, her, your, their *(pl)*

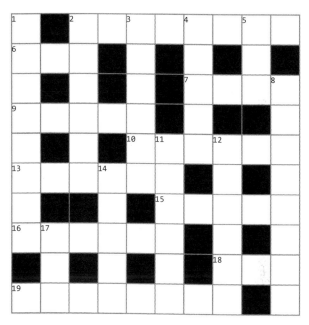

Across

2. spoons
6. thousand
7. faithful, loyal
9. bride
10. you're welcome, don't mention it *(2,4)*
13. coasts
15. silver
16. risk, danger
18. one
19. carriage

Down

1. dawn
2. nails, spikes
3. *(female)* servant
4. in the end, finally *(2,3)*
5. bird
8. *(we)* called
11. spouse
12. an attack
14. to cough
17. *(I)* was going
    (you/usted) were going

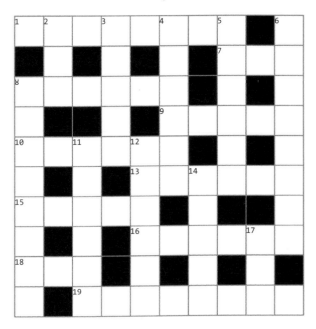

Across

1. ambition
7. eye
8. (I) was
9. fear
10. safe and sound (1,5)
13. (I) will be
15. ideas
16. evenings
18. here
19. frying pans

Down

2. month
3. equal, even, level
4. (we) will go
5. novel
6. (you/ustedes) know, are familiar with
8. to examine
11. in addition, furthermore
12. to dress, to clothe
14. tower
17. that, that one those

No. 57

Across

2. armchairs
6. bear
7. dreams
10. (I) went
    (I) was
11. hard
13. sea
14. (I) see
15. east
    this, this one
16. to give
17. donation, gift, present
21. (you/tú) give
22. not at all, absolutely not (4,4)

Down

1. please (3,5)
2. sound
3. the
4. (he, she) hears
   (you/usted) hear
5. that, that over there
8. uses
9. surprise
12. actual, practical
13. measure, measurement
18. (he, she) used to be
    (I) used to be
19. wing
20. wave

No. 58

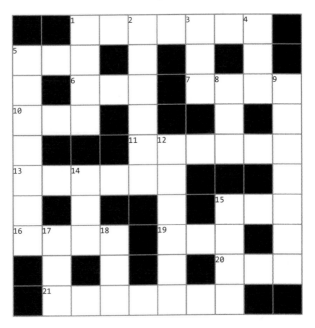

Across

1. paths
   roads
5. *(you/usted)* were
   (he, she) was
6. web, net
7. *(you/usted)* go out, leave
   (he, she) goes out, leaves
10. mine, my
11. lions
13. beds
15. to hear
16. classroom
19. so, such, thereby, thus
20. *(you-usted)* gave
    (he, she) gave
21. lawyer

Down

1. zero
2. model
3. us
4. sun
5. family
8. still, yet
9. seriously, in earnest *(2,5)*
12. *(he, she)* used to be
    (you/usted) used to be
14. cabbage
15. hearing
17. grape
18. year

No. 59

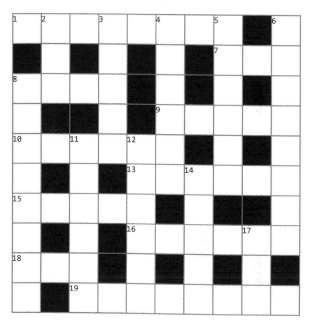

Across

1. *(they)* were speaking, talking
   (you/ustedes) were speaking, talking
7. anger
8. rock
9. about
   over, above, on, upon, atop
10. *(he, she)* was taking, taking hold of
    (I) was taking, taking hold of
13. state
    (has) been
15. girls
16. weather
18. actually, even, indeed
19. *(they)* appear, turn up
    (you/ustedes) appear, turn up

Down

2. *(I)* love
   master
3. flame
4. bags
5. fog
6. recently *(4,4)*
8. roundabouts
11. morning
    tomorrow
12. animal, beast
14. *(you/usted)* have, possess
    (he, she) has, possesses
17. foot

No. 60

Across

2. knife
6. river
7. bow, tie, knot, noose
9. bay
10. desires
13. *(you/ustedes)* look for
    (they) look for
15. to believe
16. sphere
18. aunt
19. stomach

Down

1. likely
2. cars
3. married
4. islands
5. light
8. to observe
11. abed, in bed *(2,4)*
12. effect
14. *(you/usted)* thought,
    believed
    (he, she) thought, believed
17. his, her, your, their *(pl)*

Across

2. to listen
6. *(they)* are
   (you/ustedes) are
7. *(they)* fall, collapse
   (you/ustedes) fall, collapse
9. *(I)* arrive, get to
10. helmets
13. violin
15. thirteen
16. *(he, she)* feels
    (you/usted) feel
18. uncle
19. pumpkin

Down

1. slaves
2. whole, entire
3. *(I)* knew, was familiar with
4. coconuts
5. bird
8. see you later! *(3,5)*
11. antenna
12. bill, check
14. line
17. *(you/usted)* were going
    (he, she) was going

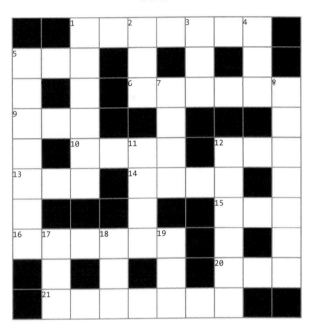

Across

1. *(we)* went out, left
5. day
6. exit
9. over there, there, yon, yonder
10. to love
12. by, for, through
13. *(you/ustedes)* give
    (they) give
14. pity; penalty
15. *(I)* am
16. occasionally, several times, sometimes *(1,5)*
20. two
21. joy, happiness

Down

1. *(you/ustedes)* used to know
   (they) used to know
2. the
3. bad, badly
4. thirst
5. everyday life *(3,1,3)*
7. air
8. streams
11. on foot *(1,3)*
12. wonder, marvel
    (something astonishing)
    a pass, transit, crossing
17. way
    road
18. *(you/usted)* fall, collapse
    (he, she) falls, collapses
19. to be *(in essence, identified as)*

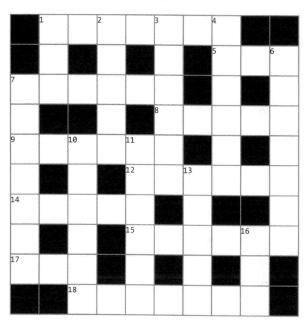

Across

1. halves
5. use
7. *(they)* arrive, get to
   (you/ustedes) arrive, get to
8. to pull
9. to kick
12. to run
14. class
15. noises
17. salt
18. *(he, she)* was finishing, end
    (I) was finishing, end

Down

1. thousand
2. tiger
3. inside
4. to suffer
6. workers
7. pencils
10. towel
11. *(you/usted)* bring close, approach
    about
13. queen
16. *(you/usted)* were hearing
    (I) was hearing

No. 64

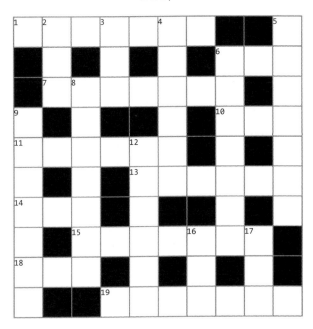

Across

1. wagons
6. bread
7. *(you/usted)* appear, turn up
   (he, she) appears, turns up
10. that
    what a, what kind, what kind of,
    what sort of
    than
11. *(they)* come
    (you/ustedes) come
13. novel
14. us
15. rings
18. *(you/tú)* give
19. teacher

Down

2. wing
3. wave
4. eternal, everlasting,
   perpetual
5. to teach
6. little, small
8. *(you/tú)* think
9. avenue
12. over, at the top of
16. the
17. south

No. 65

Across
2. millions
6. eye
7. *(they)* heard
   (you/ustedes) heard
9. to be
10. to finish, end
13. *(you/usted)* will have, possess
    (he, she) will have, possess
15. *(you/ustedes)* look at, watch
    (they) look at, watch
16. *(he, she)* was following
    (I) was following
18. anger
19. separated

Down
1. moments
2. *(a)* lot
3. to cry
4. sheep
5. that, that over there
8. oranges
11. camera
12. neighbourhood
14. debt, obligation
17. that, that one
    those

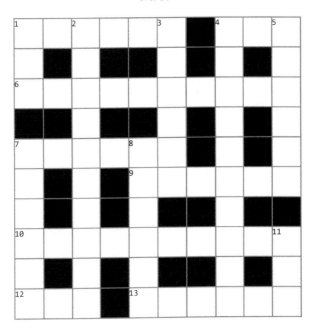

Across

1. crime
4. *(you/tú)* see
6. revolution
7. boat
9. above, over
10. kettles
12. minus, without
13. announcements, warnings

Down

1. to give
2. *(you/ustedes)* lifted
   (they) lifted
3. to occupy
4. twenty three
5. watermelon
7. beds
8. flour
11. his, her, your, their *(pl)*

Across

1. *(we)* pass
   (we) spent, passed
5. *(I)* see
6. cabbage
7. *(he, she)* goes out, leaves
   (you/usted) go out, leave
10. *(he, she)* saw
    (you/usted) saw
11. barely, hardly, only just, scarcely
13. timber, wood
15. sea
16. her, his, its, their
19. year
20. *(he, she)* gave
    (you-usted) gave
21. lawyer

Down

1. little, scarce
2. to save, rescue
3. more
4. sun
5. *(we)* lived
   (we) live
8. still, yet
9. seriously, in earnest *(2,5)*
12. potato
14. *(I)* give
15. mode, manner
17. a, an *(fem)*
18. bear

Across

1. amity, friendship
5. to see
6. to attack
9. river
10. yacht
12. foot
13. one
14. I mean, that is to say *(1,3)*
15. thirst
16. friends
20. two
21. sixty

Down

1. stream
2. *(you/usted)* were going
   (I) was going
3. aunt
4. day
5. vegetable
7. three
8. reins
11. tone
12. a pass, transit, crossing
   wonder, marvel
   (something astonishing)
17. month
18. gas
19. *(they)* are
   (you/ustedes) are

Across

1. pear
3. fear, awe
6. to govern, rule
9. uncle
10. to be *(in essence, identified as)*
11. about, almost, nearly
13. actual, practical
14. the
16. way
    road
17. cabin, cockpit
20. autumn, fall
21. twelve

Down

1. payments
2. bird
3. so, such, thereby, thus
4. hammer
5. broken
   corrupt
7. drunk, intoxicated
8. rock
12. soul
15. seven
16. (I) live
18. mine, my
19. web, net

No. 70

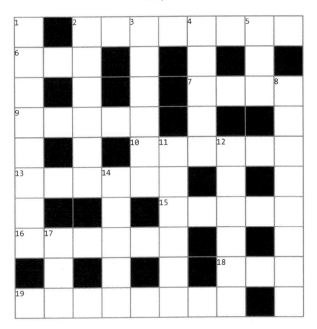

Across
2. early
6. to hear
7. *(he, she)* passes
   (you/usted) pass
9. dam
10. animal, beast
13. troops
15. *(you/usted)* can
    (he, she) can
16. distant, far, remote
18. *(he, she)* falls, collapses
    (you/usted) fall, collapse
19. not at all, absolutely not *(4,4)*

Down
1. hospital
2. thunder
3. *(he, she)* was looking at, watching
   (I) was looking at, watching
4. clothes
5. us
8. to appear
11. spouse
12. nut *(for screw)*
14. beach
17. *(you/usted)* used to be
    (he, she) used to be

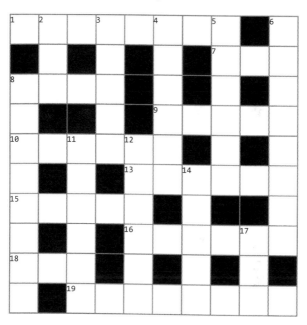

Across

1. speech
7. salt
8. home
9. debt, obligation
10. therefore, that is why *(3,3)*
13. husband, mate, spouse
15. place
16. character, nature
18. *(he, she)* was hearing
    (you/usted) were hearing
19. to sit, to sit down

Down

2. anger
3. key *(to understanding)*,
   password
4. noises
5. dark
6. after *(a period of time)*
   (2,4,2)
8. brushes
11. rules; rulers
12. *(they)* could be
    (you/ustedes) could be
14. *(you/usted)* used to be
    able to, could
    (he, she) used to be able to,
    could
17. the

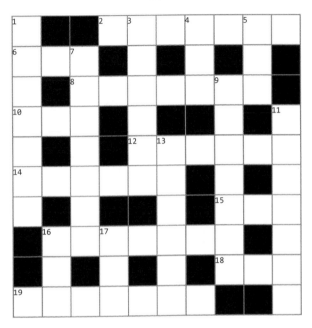

Across

2. oceans
6. actually, even, indeed
8. *(I)* was finishing, end
   (he, she) was finishing, end
10. by, for, through
12. drum
14. songs
15. *(you/tú)* give
16. stretcher
18. south
19. even, including

Down

1. either
3. as much, however much
4. wing
5. wave
7. orange
9. drinks
11. rear
    backside, butt
13. asylums
16. with
    by, by means of, on,
    through
17. bad, badly

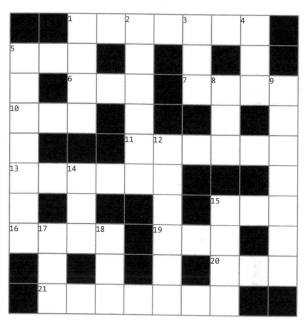

Across

1. spoon
5. *(I)* see
6. sea
7. odour, scent, smell
10. *(he, she)* saw
    (you/usted) saw
11. supports
13. timber, wood
15. *(he, she)* hears
    (you/usted) hear
16. her, his, its, their
19. over there, there, yon, yonder
20. *(he, she)* gave
    (you-usted) gave
21. lawyer

Down

1. how, in what way
2. to close, shut
3. year
4. *(I)* love
   master
5. *(we)* live
   (we) lived
8. law
9. respect
12. a stop *(bus etc)*
14. *(I)* give
15. hearing
17. a, an *(fem)*
18. bear

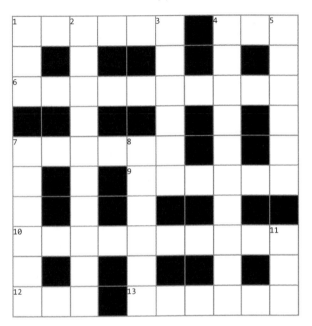

Across

1. a lot of, much, plenty of
4. cabbage
6. slowly
7. thumb
9. to dance
10. trainer
12. his, her, your, their *(pl)*
13. aboard *(1,5)*

Down

1. thousand
2. conflicts
3. shade, shadow
4. freezer
5. arrive, end up, get pass, spend
7. walks, strolls
8. grandmother
11. river

No. 75

Across

1. calls
7. that, that over there
8. east
   this, this one
9. wheel
10. famous
13. a little *(2,4)*
15. between, among
16. tongue
18. uncle
19. to whisper

Down

2. the
3. fear
4. *(you-ustedes)* gave
   (they) gave
5. severe
6. for now *(3,5)*
8. opposite, facing
11. meters
12. soils
14. to put
17. grape

No. 76

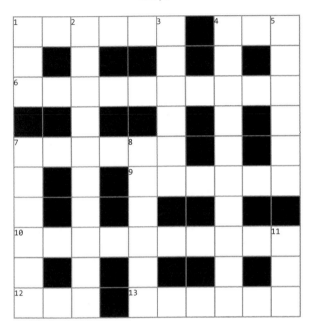

Across
1. ages
4. to give
6. accidents
7. to think
9. husband, mate, spouse
10. *(they)* directed, managed *(you/ustedes)* directed, managed
12. two
13. signs

Down
1. *(you/usted)* used to be *(he, she)* used to be
2. elevators, lifts
3. mother-in-law
4. *(they)* stopped, arrested *(you/ustedes)* stopped, arrested
5. face
7. pity
8. friends
11. us

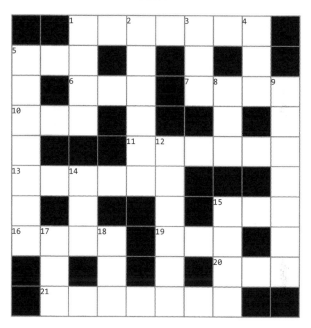

Across

1. after, afterwards, later
5. bird
6. *(you/ustedes)* give
   (they) give
7. air
10. one
11. below
13. announcements, warnings
15. *(I)* went
    (I) was
16. waves
19. use
20. so, such, thereby, thus
21. trail, path

Down

1. finger
2. sound
3. finger nail
4. to be *(in essence, identified as)*
5. accused, defendant
8. *(I)* was going
   (you/usted) were going
9. emotion
12. *(I)* was
14. anger
15. photograph
17. the
18. minus, without

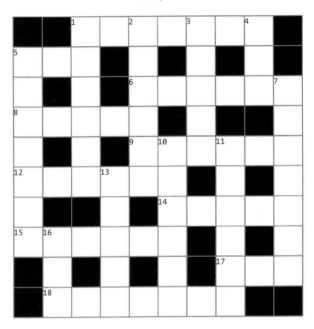

Across

1. camel
5. south
6. *(they)* used to have, possess
   (you/ustedes) used to have, possess
8. thigh
9. to desire
12. remains, remainders
14. plug
15. *(you/usted)* would know
   (he, she) would know
17. day
18. *(he, she)* was finishing, end
   (I) was finishing, end

Down

1. depression, emergency
2. method
3. moons
4. wave
5. shadows
7. orange
10. *(he, she)* used to be
    (you/usted) used to be
11. sword
13. task; homework
16. wing

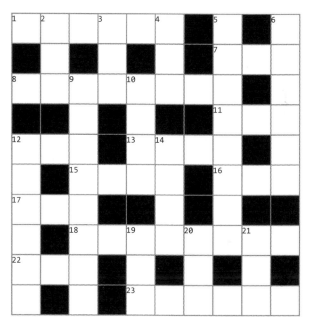

Across

1. be asleep, sleep
7. *(numbers)* even pair
8. corridor
11. that, that one those
12. still, yet
13. *(you/ustedes)* used to be *(they)* used to be
15. home
16. *(you-usted)* gave *(he, she)* gave
17. bear
18. we
22. *(he, she)* hears *(you/usted)* hear
23. flames *(you/tú)* call

Down

2. gold
3. sea
4. web, net
5. to learn
6. thick
9. corners
10. *(you/tú)* are
12. supports
14. a while, a short time
19. sun
20. aunt
21. *(I)* was hearing *(he, she)* was hearing

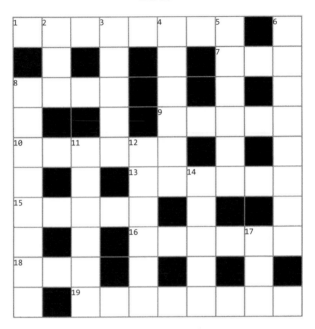

Across

1. volcanoes
7. a, an *(fem)*
8. *(you/usted)* could go *(I)* could go
9. edge, border
10. to kick
13. poison, venom
15. key
16. body
18. eye
19. to hold

Down

2. to hear
3. key *(to understanding)*, password
4. name
5. luck
6. recently *(4,4)*
8. drives, urges
11. treatments
12. occasionally, several times, sometimes *(1,5)*
14. nine
17. foot

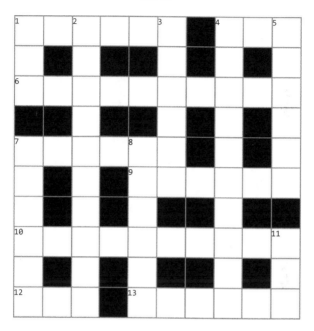

Across

1. crutch
4. *(he, she)* falls, collapses
   (you/usted) fall, collapse
6. to get up, to get out of bed
7. to count
   to tell, narrate
9. to sing
10. personal, private
    special
12. actually, even, indeed
13. in vain, to no avail, uselessly
    (2,4)

Down

1. bad, badly
2. *(you/ustedes)* lifted
   (they) lifted
3. altitude, elevation, height
4. wheelbarrow
5. to choose, elect
7. a purchase
8. oil
11. river

No. 82

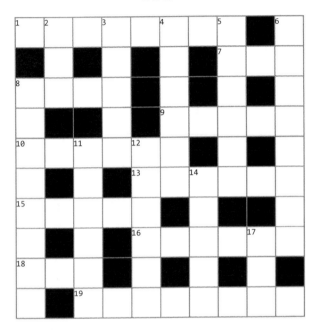

Across

1. aspects
7. *(I)* love
   master
8. hate
   (I) hate
9. noise
10. character, nature
13. *(I)* will be
15. January
16. nights
18. that, that over there
19. to whisper

Down

2. thirst
3. anger, choler, ire, wrath
4. tigers
5. exit
6. *(you/ustedes)* know, are
   familiar with
8. origins
11. owners, proprietors
12. lions
14. to touch
17. *(you/usted)* used to be
   (he, she) used to be

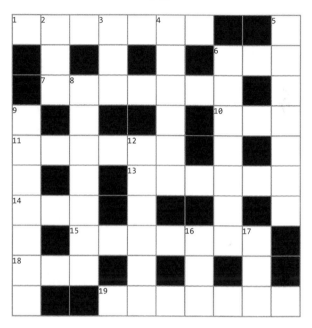

Across

1. murderer
6. such, such a, that kind of
7. *(you/usted)* were smiling
   (he, she) was smiling
10. mine, my
11. gaol, prison
13. well-known
14. to be *(in essence, identified as)*
15. office
    bureau
18. *(you/tú)* give
19. tomatoes

Down

2. his, her, your, their *(pl)*
3. minus, without
4. fog
5. alcohol
6. also, too
8. workers
9. accused, defendant
12. style
16. anger
17. bird

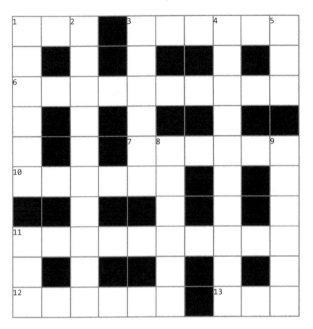

Across

1. month
3. *(you/ustedes)* remain *(they)* remain
6. encounters, meetings
7. above, over
10. *(he, she)* will be *(you/usted)* will be
11. *(they)* directed, managed *(you/ustedes)* directed, managed
12. aboard *(1,5)*
13. wave

Down

1. death
2. secretary
3. to be, to be situated to be left, to remain
4. bedroom
5. us
8. rapid, quick
9. agony, death throes
11. day

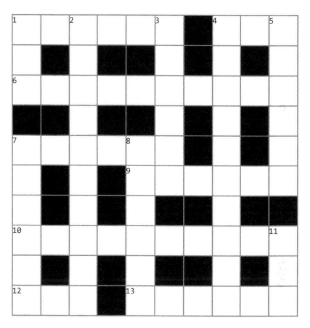

Across

1. cherish, love
   be willing to, want, wish
4. to see
6. student
7. attentive, heedful
9. safe and sound *(1,5)*
10. results
12. *(I)* was hearing
    (you/usted) were hearing
13. to suffer

Down

1. that
   what a, what kind, what
   kind of, what sort of
   than
2. interview
   assembly, gathering,
   meeting
3. kingdoms
4. fan
5. risk, danger
7. in charge *(1,5)*
8. stalemate
11. south

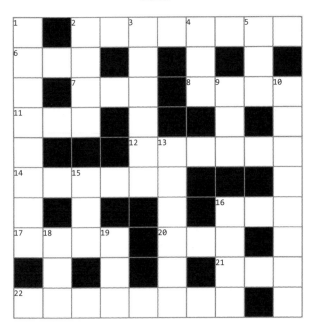

Across

2. relative of family
6. one
7. so, such, thereby, thus
8. but *(on the contrary, but rather)*
11. year
12. *(you/vosotros)* have, possess
14. desires
16. by, for, through
17. *(he, she)* goes out, leaves *(you/usted)* go out, leave
20. a, an *(fem)*
21. way road
22. recently *(4,4)*

Down

1. scarves
2. photograph
3. minute
4. the
5. still, yet
9. *(I)* will go
10. to observe
13. *(he, she)* was *(you/usted)* were
15. sun
16. turkey
18. wing
19. that, that one those

Across

2. sobs
6. *(he, she)* gave
   (you-usted) gave
7. dreams
10. *(I)* was
    (I) went
11. car
13. bad, badly
14. cabbage
15. east
    this, this one
16. aunt
17. to occupy
21. bear
22. entries

Down

1. building
2. welfare
3. the
4. *(you/usted)* hear
   (he, she) hears
5. gold
8. uses
9. soldiers
12. theme
13. meters
18. with
    by, by means of, on,
    through
19. pair
    (numbers) even
20. web, net

No. 88

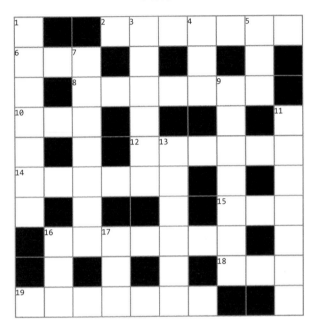

Across
- 2. places
- 6. more
- 8. on the dot *(2,5)*
- 10. *(you/ustedes)* are *(they)* are
- 12. head
- 14. friends
- 15. *(you/usted)* fall, collapse *(he, she)* falls, collapses
- 16. knee
- 18. salt
- 19. smile

Down
- 1. amity, friendship
- 3. a little *(2,4)*
- 4. actually, even, indeed
- 5. that, that over there
- 7. sense, meaning
- 9. nuts *(for bolts)*
- 11. camel
- 13. asylums
- 16. river
- 17. to give

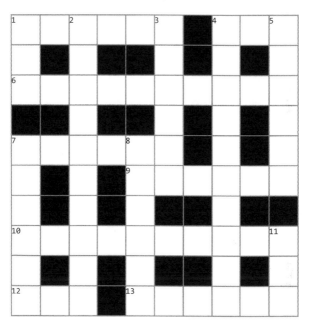

Across

1. the people, nation town
4. *(you/tú)* have
6. *(you/ustedes)* were *(they)* were
7. gaol, prison
9. watermelon
10. stepfathers
12. to be *(in essence, identified as)*
13. announcements, warnings

Down

1. foot
2. to sneeze
3. *(river)* bank, shore
4. kettles
5. *(you/usted)* were feeling *(he, she)* was feeling
7. compass *(for drawing circle)*
8. sword
11. his, her, your, their *(pl)*

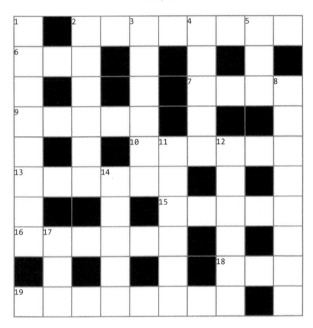

Across

2. terms
6. grape
7. days
9. poem
10. lions
13. remains, remainders
15. to touch
16. shade, shadow
18. *(you/usted)* used to be
   (he, she) used to be
19. *(you/ustedes)* know, are
   familiar with

Down

1. sighs
2. tasks
3. donation, gift, present
4. Indian
5. wave
8. to whisper
11. *(I)* will be
12. nights
14. lukewarm, tepid
17. eye

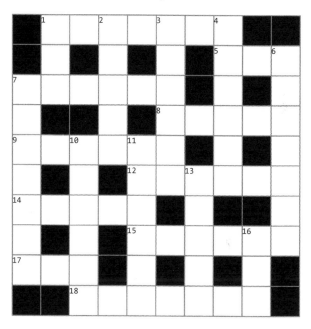

Across

1. fork
5. to hear
7. *(you/ustedes)* arrive, get to
   (they) arrive, get to
8. *(you/tú)* are
9. to enter
12. *(he, she)* knows, is familiar with
14. *(he, she)* finishes, ends
    (you/usted) finish, end
15. neighbourhood
17. *(I)* love
    master
18. *(I)* was smiling
    (you/usted) were smiling

Down

1. such, such a, that kind of
2. to deny, to refuse
3. money
4. face
6. respect
7. *(he, she)* was arriving
   (you/usted) were arriving
10. treatments
11. *(you/ustedes)* finish, end
    (they) finish, end
13. north
16. *(you/usted)* were going
    (he, she) was going

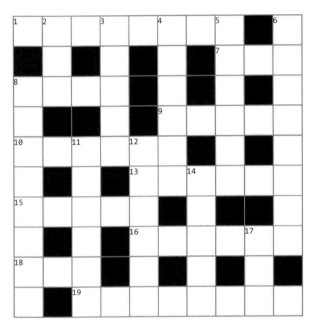

Across

1. miracles
7. finger nail
8. hand
9. *(I)* would say
   (he, she) would say
10. husband, mate, spouse
13. mirror
15. to cough
16. character, nature
18. year
19. to sit, to sit down

Down

2. anger
3. support
4. noises
5. luck
6. cabin, cockpit
8. teachers *(female)*
11. walks, strolls
12. *(they)* could be
   (you/ustedes) could be
14. *(he, she)* used to be able to, could
   (I) used to be able to, could
17. the

No. 93

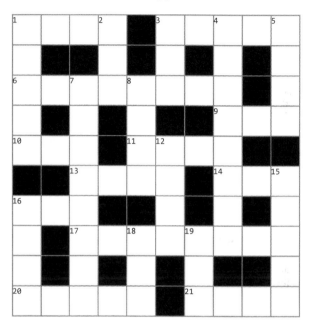

Across

1. *(I)* hate
   hate
3. museum
6. cover, go through, pass through
9. pair
   (numbers) even
10. minus, without
11. drop, fall, lapse
13. flower
14. that, that one
   those
16. bird
17. separated
20. *(you/ustedes)* will be
   (they) will be
21. *(I)* doubt

Down

1. others
2. bear
3. sea
4. surprise
5. odour, scent, smell
7. to confess
8. rich
12. weapon
15. anger, choler, ire, wrath
16. wings
18. bread
19. web, net

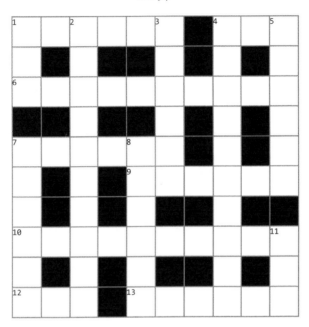

Across

1. to grow
4. gas
6. student
7. (I) feel
9. state
   (has) been
10. resolution
12. wing
13. signs

Down

1. (he, she) falls, collapses
   (you/usted) fall, collapse
2. interview
   assembly, gathering,
   meeting
3. kingdoms
4. generation
5. father-in-law
7. (I) would know
   (you/usted) would know
8. keys (of a keyboard,
   piano)
11. us

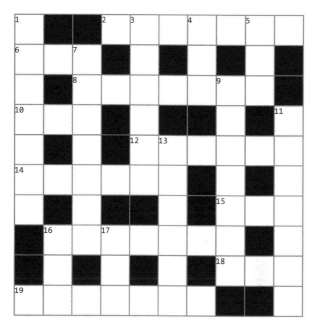

Across

2. in front of, forwards
6. bad, badly
8. *(he, she)* lifts
10. *(he, she)* hears
    (you/usted) hear
12. lover
14. theatre
15. the
16. packet, parcel
18. *(they)* are
    (you/ustedes) are
19. thunder

Down

1. *(it)* matters
3. to send
4. still, yet
5. aunt
7. *(I)* was carrying, taking
   (he, she) was carrying,
   taking
9. tunnels
11. person, personage,
    personality
13. brown
16. by, for, through
17. that
    what a, what kind, what
    kind of, what sort of
    than

No. 96

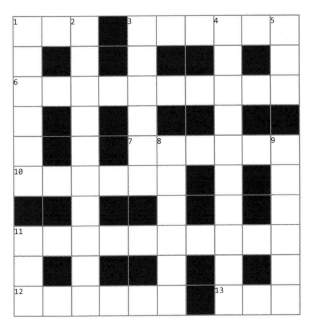

Across

1. his, her, your, their *(pl)*
3. how many, how much, what amount
6. character, nature
7. sword
10. sphere
11. decisions
12. aboard *(1,5)*
13. that, that over there

Down

1. blood
2. satisfied
3. to run
4. once again
5. *(I)* was hearing *(you/usted)* were hearing
8. well-known
9. abyss, chasm, gulf
11. day

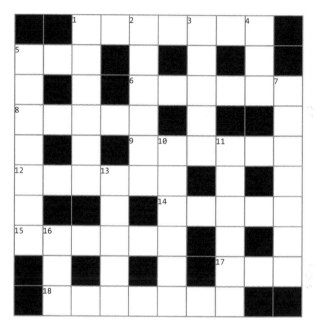

Across

1. drive, urge
5. so, such, thereby, thus
6. assurance, insurance
   safe, secure
8. sauce
9. to desire
12. features, traits
14. to touch
15. week
17. more
18. a threat, menace

Down

1. English
2. the past
3. lakes
4. to hear
5. treasures
7. workers
10. *(I)* used to be
    (you/usted) used to be
11. abed, in bed *(2,4)*
13. serious
16. *(I)* used to be
    (he, she) used to be

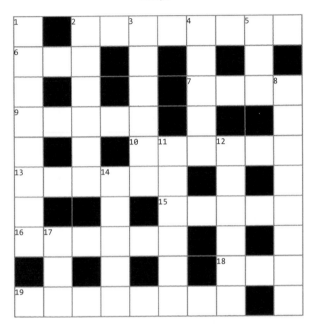

Across
2. plain, simple
6. grape
7. bow, tie, knot, noose
9. between, among
10. remains, remainders
13. letters; menus
15. to have, possess
16. above, over
18. anger
19. *(you/ustedes)* know, are familiar with

Down
1. absence
2. jump, leap, spring
3. refrigerator
4. islands
5. light
8. to observe
11. *(I)* will be
12. *(you/vosotros)* have, possess
14. wheat
17. river

No. 99

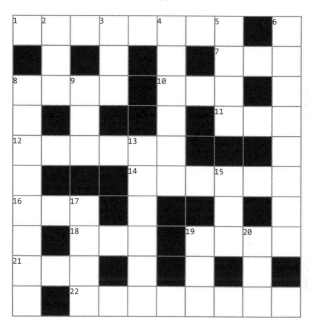

Across

1. whales
7. year
8. six
10. thousand
11. over there, there, yon, yonder
12. to call, name
14. as if, as though *(4,2)*
16. bear
18. minus, without
19. photograph
21. that, that one
   those
22. maybe, perhaps *(1,2,5)*

Down

2. bird
3. the
4. number
5. ward
6. politician
8. armchairs
9. *(you/usted)* were going
   (I) was going
13. accent, emphasis, stress
15. gold
17. I mean, that is to say *(1,3)*
19. *(he, she)* was
   (he, she) went
20. uncle

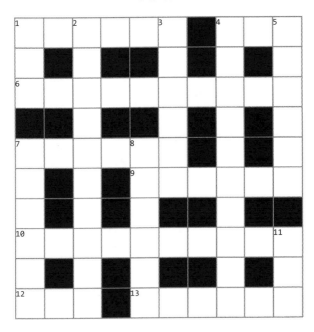

Across

1. sidewalks
4. to give
6. accidents
7. neck
9. style
10. *(they)* directed, managed
    (you/ustedes) directed, managed
12. *(you/tú)* give
13. barely, hardly, only just, scarcely

Down

1. wing
2. encounters, meetings
3. dreams
4. *(you/ustedes)* stopped, arrested
    (they) stopped, arrested
5. face
7. city, town
8. tongue
11. us

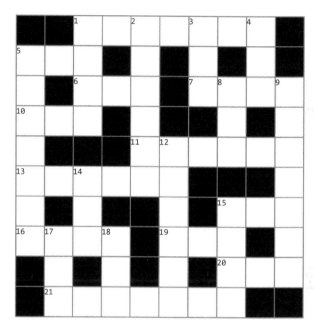

Across

1. *(we)* do
5. *(I)* see
6. web, net
7. *(you/usted)* go out, leave
   (he, she) goes out, leaves
10. way
    road
11. kingdoms
13. miles
15. south
16. her, his, its, their
19. *(he, she)* hears
    (you/usted) hear
20. *(you-usted)* gave
    (he, she) gave
21. *(he, she)* was finishing, end
    (I) was finishing, end

Down

1. hour, o'clock, time
2. hip
3. month
4. sun
5. *(we)* lived
   (we) live
8. still, yet
9. seriously, in earnest *(2,5)*
12. spouse
14. law
15. silk
17. a, an *(fem)*
18. wave

No. 102

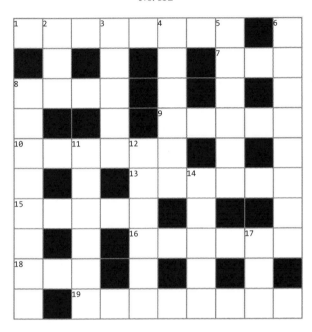

Across

1. covered
7. salt
8. ship
9. cause, reason
10. sad
13. husband, mate, spouse
15. *(you/ustedes)* believe, think
    (they) believe, think
16. character, nature
18. *(I)* love
    master
19. to sit, to sit down

Down

2. finger nail
3. ideas
4. roots
5. dark
6. after *(a period of time)*
   (2,4,2)
8. news
11. *(we)* will go
12. *(you/ustedes)* used to
    have, possess
    (they) used to have,
    possess
14. *(you/usted)* used to be
    able to, could
    (I) used to be able to, could
17. the

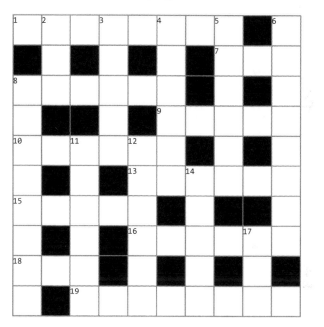

Across

1. to hate to *(5,3)*
7. to see
8. *(it)* seems
9. data
10. broom
13. *(you/ustedes)* enter
    (they) enter
15. classrooms
16. tomato
18. actually, even, indeed
19. *(you/ustedes)* were finishing, end
    (they) were finishing, end

Down

2. *(you/usted)* used to be
    (I) used to be
3. January
4. *(you/ustedes)* remain
    (they) remain
5. to avoid
6. donation, gift, present
    present tense
8. to prepare
11. hill
12. animal, beast
14. grave, tomb
17. aunt

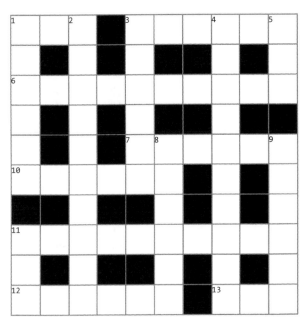

Across

1. *(you/tú)* have
3. to grow
6. marriage, matrimony, wedlock
7. altitude, elevation, height
10. sphere
11. decisions
12. scents
13. his, her, your, their *(pl)*

Down

1. man
2. satisfied
3. to take care of
4. belts
5. river
8. lips
9. announcements, warnings
11. day

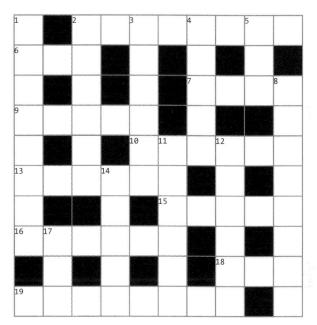

Across

2. minister
6. eye
7. May
9. *(you/usted)* can
   (he, she) can
10. remains, remainders
13. troops
15. to have, possess
16. boat
18. *(you/usted)* were going
   (he, she) was going
19. *(you/ustedes)* know, are
   familiar with

Down

1. hospital
2. brown
3. refrigerator
4. *(we)* are
5. king
8. to observe
11. *(I)* will be
12. *(you/vosotros)* have,
   possess
14. chest
17. year

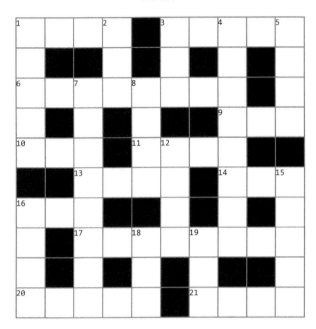

Across

1. *(I)* follow
3. deal
   treatment
6. godparents
9. *(you/usted)* were hearing
   (I) was hearing
10. *(they)* are
    (you/ustedes) are
11. loyal
13. after, behind
14. grape
16. *(I)* went
    (I) was
17. traffic lights
20. *(I)* finish, end
21. cream

Down

1. soups
2. to hear
3. so, such, thereby, thus
4. absolute
5. I mean, that is to say *(1,3)*
7. dentist
8. island
12. *(he, she)* is
    (you/usted) are
15. now
16. fame
18. mine, my
19. end

Across

2. capsicum
6. *(he, she)* went
   (you/usted) went
7. soils
10. with
    by, by means of, on, through
11. she
13. gas
14. us
15. *(he, she)* could go
    (I) could go
16. south
17. chairs
21. wave
22. apples

Down

1. offices
2. pawns
3. month
4. that, that one
   those
5. uncle
8. to use
   to wear
9. to whisper
12. lime
    file
13. charge, cost, expense
18. anger
19. light
20. minus, without

No. 108

Across
2. freedom
6. a, an *(fem)*
7. German
9. reason
10. classes
13. marble
15. between, among
16. frying pan
18. bear
19. race

Down
1. *(we)* want
2. to throw, launch
3. white
4. wheel
5. here
8. see you later! *(3,5)*
11. to fill
12. places
14. motor
17. wing

No. 109

Across

2. issue, problem, trouble
6. that, that over there
7. *(he, she)* falls, collapses
   (you/usted) fall, collapse
8. ward
11. one
12. shop
14. *(you/ustedes)* arrive, get to
    (they) arrive, get to
16. way
    road
17. waves
20. aunt
21. cabbage
22. star

Down

1. determined
2. little, scarce
3. offer, bid
4. the
5. bad, badly
9. still, yet
10. on horseback *(1,7)*
13. useless
15. *(you/usted)* used to be
    (he, she) used to be
16. cow
18. the
19. to be *(in essence,
    identified as)*

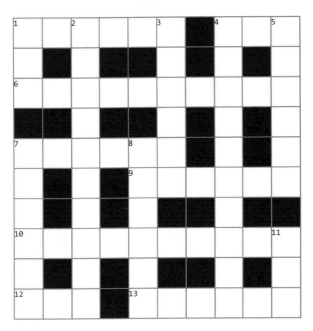

Across

1. action
4. by, for, through
6. obstacles
7. separately, aside
9. dark
10. stepmothers
12. thirst
13. announcements, warnings

Down

1. *(I)* love
   master
2. chance, coincidence
3. nights
4. hairdressers
5. face
7. scents
8. *(he, she)* was taking, taking hold of
   (I) was taking, taking hold of
11. his, her, your, their *(pl)*

Across

2. labour, work
6. use
7. *(he, she)* creates
   (you/usted) create
9. spider
10. to desire
13. *(you-ustedes)* gave
    (they) gave
15. plug
16. blood
18. day
19. for now *(3,5)*

Down

1. scarves
2. tomato
3. next to, beside *(2,4)*
4. arches
5. bird
8. to start *(a car)*
   to pluck, tear off, pull up
11. whole, entire
12. sword
14. ruler
17. year

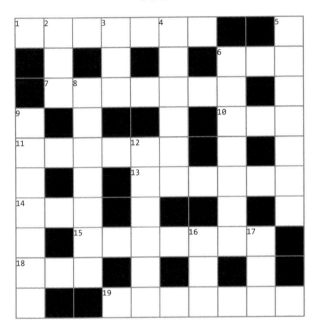

Across

1. honest
6. so, such, thereby, thus
7. lawyer
10. thousand
11. animal
13. pumps
14. sun
15. murderer
18. to give
19. hunter

Down

2. *(he, she)* was hearing
   (I) was hearing
3. river
4. devil
5. even, including
6. *(you/ustedes)* were taking, taking hold of
   (they) were taking, taking hold of
8. glow, shine
9. tired, weary
12. grandmother
16. *(you/usted)* were going
   (he, she) was going
17. gold

Across

2. spaces
6. gas
7. angle, corner
10. that, that one those
11. nothing
13. sea
14. anger
15. in front of, before
16. *(you/ustedes)* give *(they)* give
17. to save, rescue
21. wave
22. entries

Down

1. churches
2. scene
3. pair *(numbers)* even
4. with by, by means of, on, through
5. *(he, she)* heard *(you/usted)* heard
8. *(they)* were going *(you/ustedes)* were going
9. oranges
12. *(I)* was giving *(he, she)* was giving
13. media resources, means
18. actually, even, indeed
19. to see

No. 114

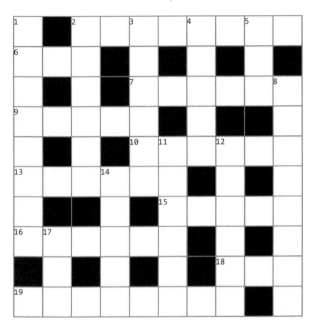

Across
2. to examine
6. month
7. sidewalks
9. equal, even, level
10. to dress, to clothe
13. *(we)* will go
15. costume, dress, outfit, suit
16. novel
18. *(he, she)* hears
   (you/usted) hear
19. *(you/ustedes)* know, are familiar with

Down
1. ambition
2. *(I)* was
3. safe and sound *(1,5)*
4. ideas
5. wing
8. frying pans
11. *(I)* will be
12. treatments
14. fear
17. bear

No. 115

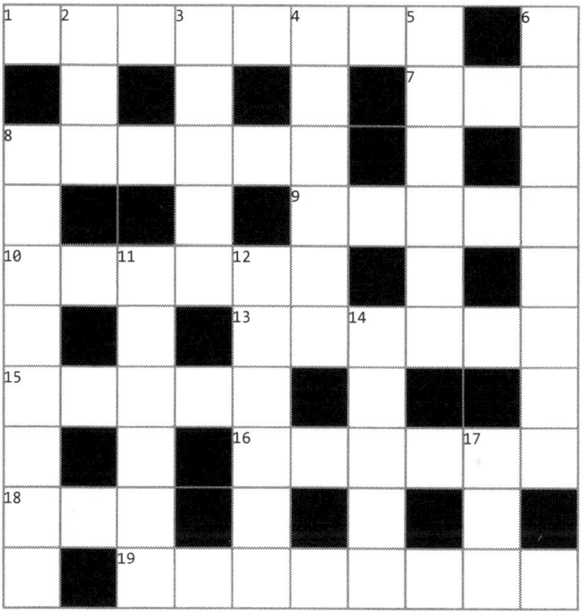

Across

1. dangers
7. finger nail
8. edges
9. afternoon evening
10. method
13. mirror
15. furthermore *(2,3)*
16. effect
18. eye
19. to respect

Down

2. that, that over there
3. Indian
4. remains, remainders
5. luck
6. recently *(4,4)*
8. firefighters
11. drum
12. desires
14. *(you/usted)* can *(he, she)* can
17. aunt

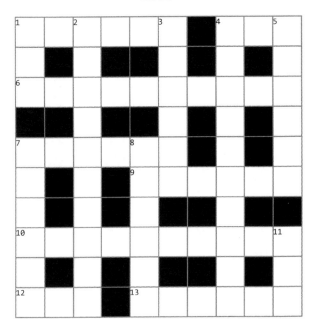

Across

1. *(you/usted)* feel
   (he, she) feels
4. *(you/usted)* used to be
   (I) used to be
6. character, nature
7. *(it)* seems
9. to send
10. audiences
12. to hear
13. announcements, warnings

Down

1. minus, without
2. to sneeze
3. exam, examination
4. exercises
5. to finish, end
7. bird
8. cherry
11. his, her, your, their *(pl)*

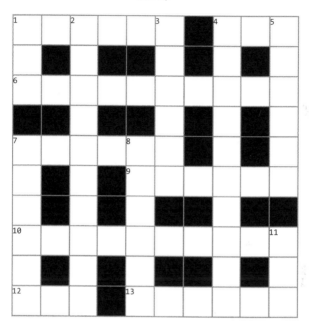

Across

1. signs
4. *(you/usted)* fall, collapse
   (he, she) falls, collapses
6. slowly
7. gaol, prison
9. poison, venom
10. assistance
12. still, yet
13. donation, gift, present

Down

1. salt
2. generation
3. common, straightforward, unpretentious
4. conscience
5. eternal, everlasting, perpetual
7. married
8. to avoid
11. year

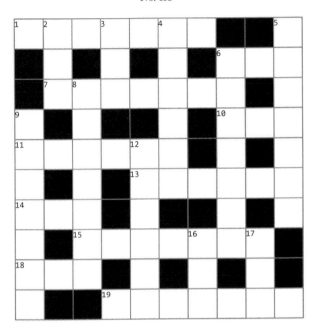

Across

1. stones
6. grape
7. coats
10. uncle
11. *(you/ustedes)* arrive, get to
    (they) arrive, get to
13. goodness
14. a, an *(fem)*
15. furious
18. bird
19. to place, to put

Down

2. *(you/usted)* were going
   (I) was going
3. to give
4. someone
5. in favor of *(5,2)*
6. you
8. goodwill, good faith *(5,2)*
9. flutes
12. aboard *(1,5)*
16. gold
17. *(you/usted)* were hearing
    (he, she) was hearing

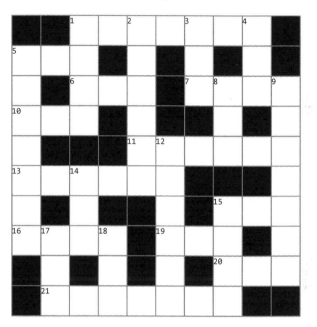

Across

1. glances
5. (I) see
6. (you/tú) give
7. ward
10. river
11. kingdoms
13. bride and groom
15. with
   by, by means of, on, through
16. but (on the contrary, but rather)
19. use
20. foot
21. (I) was finishing, end
   (he, she) was finishing, end

Down

1. mode, manner
2. face
3. two
4. sun
5. males
8. actually, even, indeed
9. absent
   missing, wanting
12. stove
14. (you/ustedes) go
   (they) go
15. cup
17. anger
18. wave

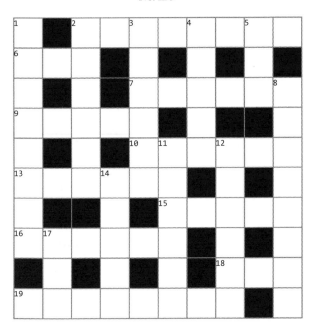

Across

2. brushes
6. pair
   (numbers) even
7. suits
9. night, nighttime
10. *(they)* finish, end
    (you/ustedes) finish, end
13. worker, laborer
15. world
16. job, employment
18. wing
19. at ones fingertips *(1,3,4)*

Down

1. *(just)* about to *(1,5,2)*
2. to grow
3. to kick
4. flame
5. *(you/usted)* hear
   (he, she) hears
8. symptoms
11. as if, as though *(4,2)*
12. bands
14. they
17. more

Across

2. vehicle
6. bear
7. lightning
   beam, ray
9. to say, tell
10. remains, remainders
13. songs
15. to take
16. *(he, she)* brings close,
    approaches
    (you/usted) bring close,
    approach
18. aunt
19. after *(a period of time) (2,4,2)*

Down

1. behaviour, conduct,
   deportment
2. volcano
3. iron *(metal)*
4. zeros
5. law
8. to observe
11. state
    (has) been
12. tomato
14. task; homework
17. cabbage

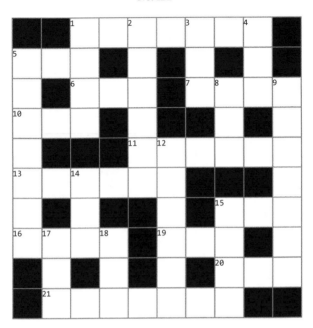

Across

1. *(it)* matters
5. to see
6. *(they)* are
   (you/ustedes) are
7. deity, divinity, god
10. that, that one
    those
11. *(you/vosotros)* are
13. novel
15. so, such, thereby, thus
16. her, his, its, their
19. *(you-usted)* gave
    (he, she) gave
20. day
21. lawyer

Down

1. to absent onself, go away, leave
2. paintbrush
3. web, net
4. *(I)* love
   master
5. Friday
8. *(he, she)* will go
   (you/usted) will go
9. sixty
12. watermelon
14. *(I)* go
15. all
17. finger nail
18. eye

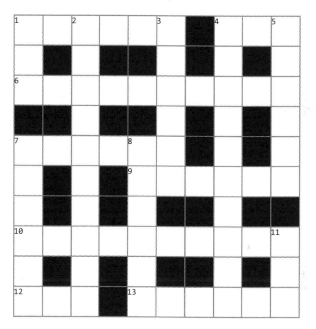

Across

1. mother-in-law
4. *(I)* used to be
   (you/usted) used to be
6. nineteen
7. dates
9. limit
10. generation
12. his, her, your, their *(pl)*
13. announcements, warnings

Down

1. thirst
2. elections
3. anyway, even so *(3,3)*
4. exercises
5. agent
7. fires
8. alarm, alert
11. us

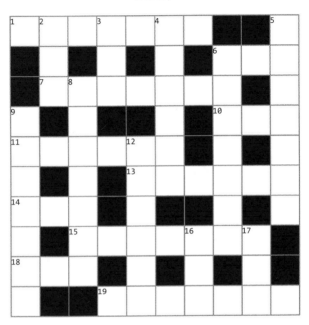

Across

1. letter boxes
6. uncle
7. *(you/usted)* appear, turn up
   (he, she) appears, turns up
10. *(he, she)* falls, collapses
    (you/usted) fall, collapse
11. *(they)* arrive, get to
    (you/ustedes) arrive, get to
13. *(I)* was taking, taking hold of
    (he, she) was taking, taking hold of
14. month
15. alcohol
18. *(they)* give
    (you/ustedes) give
19. hail

Down

2. grape
3. *(he, she)* was hearing
   (I) was hearing
4. eternal, everlasting, perpetual
5. loneliness
6. keyboard
8. *(you/ustedes)* think
   (they) think
9. a call
12. to attack
16. *(they)* have
    (you/ustedes) have
17. light

Across

1. year
3. goodness
6. toasters
7. food
10. beds
11. hairdressers
12. face
13. gold

Down

1. present, current
2. obstacles
3. white
4. bedroom
5. (*you/tú*) give
8. dark
9. abyss, chasm, gulf
11. by, for, through

Solutions

No. 1

```
p  e  r  r  o  s  ■  e  r  a
a  ■  e  ■  ■  u  ■  s  ■  n
r  e  s  p  u  e  s  t  a  s
■  ■  o  ■  ■  g  ■  u  ■  i
v  o  l  v  e  r  ■  v  ■  a
o  ■  u  ■  v  a  r  i  o  s
l  ■  c  ■  i  ■  ■  e  ■  ■
v  e  i  n  t  i  t  r  é  s
í  ■  ó  ■  a  ■  ■  o  ■  u
a  ú  n  ■  r  e  i  n  o  s
```

No. 2

```
l  u  g  a  r  e  s  ■  ■  e
■  n  ■  l  ■  n  ■  g  a  s
■  a  p  a  r  t  a  r  ■  c
a  ■  e  ■  ■  r  ■  a  ñ  o
p  a  s  a  b  a  ■  n  ■  b
e  ■  c  ■  a  r  r  i  b  a
t  í  a  ■  r  ■  ■  z  ■  s
i  ■  d  e  b  e  m  o  s  ■
t  í  o  ■  a  ■  á  ■  i  ■
o  ■  ■  a  s  e  s  i  n  o
```

No. 3

```
■  ■  t  a  l  a  d  r  o  ■
d  i  o  ■  a  ■  í  ■  y  ■
i  ■  d  a  n  ■  a  v  e  r
e  s  o  ■  z  ■  ■  e  ■  i
n  ■  ■  ■  a  p  a  r  t  e
t  e  a  t  r  o  ■  ■  ■  n
e  ■  u  ■  ■  d  ■  s  e  d
s  i  n  o  ■  r  í  o  ■  a
■  r  ■  s  ■  í  ■  l  o  s
■  a  b  o  g  a  d  o  ■  ■
```

No. 4

```
■  ■  e  m  p  e  z  a  r  ■
h  a  n  ■  a  ■  o  ■  e  ■
e  ■  c  ■  s  o  n  i  d  o
r  e  i  n  a  ■  a  ■  ■  b
m  ■  m  ■  d  e  s  e  a  r
a  c  a  b  a  n  ■  t  ■  e
n  ■  ■  u  ■  c  r  e  e  r
a  c  e  r  c  a  ■  r  ■  o
■  o  ■  l  ■  m  ■  n  o  s
■  l  l  a  m  a  d  o  ■  ■
```

No. 5

```
p  i  n  t  o  r  e  s  ■  c
■  b  ■  r  ■  u  ■  u  v  a
m  a  l  o  ■  i  ■  e  ■  m
i  ■  ■  z  ■  d  i  r  í  a
e  s  p  o  s  o  ■  t  ■  r
n  ■  u  ■  e  s  p  e  j  o
t  e  n  e  r  ■  o  ■  ■  t
r  ■  t  ■  í  n  d  o  l  e
a  m  o  ■  a  ■  í  ■  a  ■
s  ■  s  e  n  t  a  r  s  e
```

No. 6

```
c  i  e  l  o  ■  c  a  p  a
o  ■  s  ■  í  ■  o  ■  ■  c
d  ■  p  a  r  a  n  a  d  a
o  l  a  ■  ■  m  ■  p  ■  b
■  ■  c  a  r  o  ■  u  s  o
f  u  i  ■  e  r  a  n  ■  ■
r  ■  o  ■  a  ■  ■  t  a  n
a  b  s  o  l  u  t  o  ■  a
s  ■  ■  í  ■  ñ  ■  d  ■  t
e  l  l  a  ■  a  r  e  n  a
```

Solutions

No. 7

v	e	i	n	t	e	█	d	a	s
a	█	m	█	█	s	█	e	█	u
s	u	p	e	r	f	i	c	i	e
█	█	o	█	█	e	█	i	█	g
p	e	r	d	e	r	█	s	█	r
e	█	t	█	s	a	l	i	d	a
r	█	a	█	t	█	█	o	█	█
c	i	n	t	u	r	o	n	e	s
h	█	t	█	f	█	█	e	█	u
a	v	e	█	a	v	i	s	o	s

No. 8

a	c	a	b	a	r	o	n	█	s
█	a	█	a	█	a	█	e	s	e
l	e	e	r	█	í	█	v	█	p
a	█	b	█	c	u	e	v	a	█
g	a	r	a	g	e	█	r	█	r
a	█	e	█	e	s	p	a	d	a
r	o	s	a	s	█	u	█	█	d
t	█	t	█	t	i	e	m	p	o
o	r	o	█	o	█	d	█	i	█
s	█	s	o	s	t	e	n	e	r

No. 9

█	a	v	e	n	i	d	a	█	█
█	l	█	n	█	r	█	t	a	l
p	a	r	e	c	e	█	e	█	l
a	█	█	r	█	m	a	n	t	a
p	i	l	o	t	o	█	t	█	m
e	█	o	█	e	s	p	o	s	a
l	u	c	h	a	█	o	█	█	d
e	█	u	█	t	i	e	r	r	a
s	e	r	█	r	█	m	█	í	█
█	█	a	b	o	g	a	d	o	█

No. 10

█	d	e	g	o	l	p	e	█	█
█	o	█	r	█	l	█	v	e	s
e	s	t	a	b	a	█	i	█	a
s	█	█	v	█	m	e	t	a	l
p	r	u	e	b	a	█	a	█	o
e	█	m	█	e	n	t	r	a	n
c	u	b	o	s	█	a	█	█	e
i	█	r	█	t	a	r	d	e	s
e	r	a	█	i	█	e	█	s	█
█	█	l	l	a	m	a	d	o	█

No. 11

g	█	e	x	p	l	i	c	a	r
a	ú	n	█	a	█	d	█	ñ	█
l	█	c	█	s	u	e	l	o	s
l	l	a	m	a	█	a	█	█	í
e	█	m	█	b	a	s	t	ó	n
t	r	a	t	a	r	█	r	█	t
a	█	█	e	█	r	e	i	n	o
s	i	e	n	t	o	█	s	█	m
█	r	█	í	█	y	█	t	í	a
c	a	m	a	r	o	t	e	█	s

No. 12

p	█	m	e	n	o	s	m	a	l
o	j	o	█	o	█	o	█	h	█
r	█	r	█	s	a	n	d	í	a
f	u	e	█	█	l	█	█	█	s
a	█	n	a	d	a	█	f	u	i
v	e	o	█	e	s	t	e	█	e
o	█	█	█	b	█	█	c	o	n
r	o	m	p	e	r	█	h	█	t
█	s	█	a	█	e	█	a	m	o
j	o	r	n	a	d	a	s	█	s

Solutions

No. 13

```
d  ■  r  o  d  i  l  l  a  s
i  b  a  ■  e  ■  u  ■  u  ■
v  ■  m  á  s  ■  z  o  n  a
o  í  a  ■  e  ■  ■  y  ■  c
r  ■  ■  a  f  u  e  r  a  ■
c  á  m  a  r  a  ■  ■  ■  b
i  ■  a  ■  l  ■  u  n  a  ■
o  t  r  o  ■  d  a  s  ■  b
■  í  ■  í  ■  a  ■  o  l  a
s  o  n  r  i  s  a  s  ■  n
```

No. 14

```
v  i  e  n  e  n  ■  d  í  a
í  ■  s  ■  ■  i  ■  e  ■  n
a  c  c  i  d  e  n  t  e  s
■  ■  r  ■  ■  b  ■  u  ■  i
a  n  i  m  a  l  ■  v  ■  a
f  ■  t  ■  v  a  r  i  o  s
e  ■  o  ■  e  ■  ■  e  ■  ■
c  a  r  a  c  t  e  r  e  s
t  ■  i  ■  e  ■  ■  o  ■  u
o  r  o  ■  s  i  g  n  o  s
```

No. 15

```
a  c  a  b  a  r  o  n  ■  s
■  a  r  ■  a  ■  e  s  e
p  e  r  a  ■  í  ■  v  ■  p
e  ■  ■  v  ■  c  u  e  v  a
c  o  n  o  c  e  ■  r  ■  r
u  ■  o  ■  e  s  p  a  d  a
l  i  c  o  r  ■  e  ■  ■  d
i  ■  h  ■  r  e  g  a  l  o
a  v  e  ■  a  ■  a  ■  o
r  ■  s  o  r  p  r  e  s  a
```

No. 16

```
d  e  j  a  r  o  n  ■  ■  a
■  r  ■  l  ■  v  ■  v  e  s
■  a  p  a  r  e  c  e  ■  u
o  ■  r  ■  j  ■  s  i  n
c  r  i  a  d  a  ■  t  ■  t
t  ■  v  ■  e  s  t  i  l  o
u  v  a  ■  j  ■  ■  d  ■  s
b  ■  d  i  a  b  l  o  s  ■
r  í  o  ■  b  ■  a  ■  e  ■
e  ■  ■  m  a  e  s  t  r  o
```

No. 17

```
■  v  e  n  e  n  o  s  ■
e  s  o  ■  ú  ■  u  ■  e  ■
s  ■  l  ■  m  e  d  i  d  a
c  o  c  h  e  ■  o  ■  ■  b
o  ■  á  ■  r  e  s  t  o  s
b  a  n  c  o  s  ■  e  ■  u
a  ■  ■  i  ■  f  i  j  a  r
s  i  e  n  t  e  ■  a  ■  d
■  r  ■  c  ■  r  ■  d  i  o
■  a  b  o  g  a  d  o  ■  ■
```

No. 18

```
h  o  y  e  n  d  í  a  ■  a
■  j  ■  n  ■  o  ■  t  a  l
t  o  r  o  ■  r  ■  e  ■  c
e  ■  ■  j  ■  m  a  n  t  a
c  o  m  o  s  i  ■  t  ■  b
l  ■  e  ■  a  r  r  o  y  o
a  u  t  o  r  ■  e  ■  ■  d
d  ■  r  ■  t  r  i  s  t  e
o  s  o  ■  é  ■  n  ■  í  ■
s  ■  s  í  n  t  o  m  a  s
```

Solutions

No. 19

c	e	r	d	o	█	h	o	j	a
h	█	e	█	í	█	a	█	█	p
e	█	m	a	r	i	n	e	r	o
f	u	e	█	█	r	█	n	█	y
█	█	d	i	o	s	█	t	í	o
f	u	i	█	l	e	e	r	█	█
u	█	o	█	o	█	a	ú	n	█
s	u	s	u	r	r	a	r	█	u
i	█	█	n	█	e	█	o	█	b
l	a	d	o	█	d	o	n	d	e

No. 20

a	█	v	o	l	u	n	t	a	d
d	í	a	█	a	█	o	█	u	█
q	█	c	o	n	█	s	i	n	o
u	n	a	█	c	█	█	r	█	b
i	█	█	h	a	b	é	i	s	█
r	e	g	l	a	s	█	█	█	e
i	█	a	█	í	█	p	a	r	█
r	u	s	o	█	q	u	e	█	v
█	ñ	█	r	█	u	█	o	l	a
s	a	b	o	r	e	a	r	█	r

No. 21

p	e	a	t	ó	n	█	m	i	l
i	█	r	█	e	█	a	█	█	l
e	n	t	r	e	v	i	s	t	a
█	█	i	█	e	█	c	█	n	█
p	u	l	g	a	r	█	a	█	t
r	█	l	█	b	a	r	r	i	o
e	█	e	█	u	█	█	i	█	█
c	a	r	r	e	t	i	l	l	a
i	█	í	█	l	█	█	l	█	ñ
o	í	a	█	o	c	é	a	n	o

No. 22

█	█	e	s	p	a	d	a	s	█
m	e	s	█	a	█	e	█	█	o
a	█	t	█	s	i	m	p	l	e
l	l	a	m	a	█	á	█	█	r
e	█	d	█	d	e	s	e	a	r
t	r	o	p	a	s	█	n	█	o
a	█	█	o	█	t	o	c	a	r
s	a	n	d	í	a	█	i	█	e
█	l	█	í	█	b	█	m	á	s
█	a	c	a	b	a	b	a	█	█

No. 23

i	m	a	g	e	n	█	e	r	a
r	█	c	█	i	█	n	█	c	█
a	p	a	r	i	e	n	c	i	a
█	█	n	█	b	█	a	█	b	█
a	c	t	u	a	l	█	n	█	o
z	█	i	█	c	a	n	t	a	r
ú	█	l	█	e	█	a	█	█	█
c	u	a	l	i	d	a	d	e	s
a	█	d	█	t	█	█	o	█	i
r	í	o	█	e	n	t	r	a	n

No. 24

█	█	m	o	t	i	v	o	s	█
a	m	o	█	í	█	e	█	e	█
t	█	d	█	a	b	o	r	d	o
a	v	e	█	█	a	█	█	█	b
ú	█	l	e	a	l	█	p	o	r
d	i	o	█	r	a	z	a	█	e
e	█	█	█	c	█	█	s	e	r
s	i	g	l	o	s	█	a	█	o
█	b	█	o	u	█	d	a	s	█
█	a	b	s	u	r	d	o	█	█

Solutions

No. 25

f	u	e	■	p	a	s	e	o	s
r	■	n	■	e	■	x	■	u	
a	c	c	i	d	e	n	t	e	s
s	■	o	■	i	■	r	■	■	
e	■	n	■	d	e	j	a	b	a
s	i	t	i	o	s	■	n	■	l
■	■	r	■	t	■	j	■	l	
c	u	a	l	q	u	i	e	r	a
a	■	d	■	v	■	r	■	d	
e	n	o	r	m	e	■	o	s	o

No. 26

b	■	r	e	m	e	d	i	o	s
u	ñ	a	■	a	■	i	■	y	
s	■	í	■	d	■	c	a	e	r
c	o	c	h	e	■	e	■	■	e
a	■	e	■	r	e	s	t	o	s
b	u	s	c	a	n	■	i	■	p
a	■	■	a	■	t	r	e	c	e
n	o	m	b	r	e	■	n	■	t
■	r	■	r	■	r	■	d	í	a
p	o	r	a	h	o	r	a	■	r

No. 27

p	e	s	o	■	c	o	r	t	e
e	■	■	l	■	o	■	e	■	l
c	a	b	a	l	l	o	s	■	l
h	■	o	■	u	■	■	u	n	a
o	í	r	■	n	a	v	e	■	■
■	■	r	e	a	l	■	l	a	s
o	í	a	■	■	m	■	t	■	u
i	■	c	a	m	a	r	o	t	e
g	■	h	■	í	■	e	■	■	l
o	t	o	ñ	o	■	d	i	g	o

No. 28

■	■	l	i	m	o	n	e	s	■
p	i	e	■	u	■	o	■	o	■
o	■	e	s	e	■	s	a	l	e
d	a	r	■	r	■	■	l	■	m
e	■	■	t	a	m	a	ñ	o	
m	á	r	m	o	l	■	■	■	c
o	■	e	■	■	t	■	f	u	i
s	u	y	o	■	u	n	o	■	ó
■	v	■	j	■	r	■	t	a	n
■	a	b	o	g	a	d	o	■	■

No. 29

s	■	c	u	a	r	e	n	t	a
u	s	o	■	n	■	n	■	a	■
s	■	m	■	i	■	e	l	l	o
p	a	p	e	l	■	r	■	■	b
i	■	á	■	l	e	o	n	e	s
r	a	s	g	o	s	■	o	■	e
o	■	■	r	■	t	o	c	a	r
s	e	g	u	í	a	■	h	■	v
■	s	■	p	■	r	■	e	r	a
c	o	n	o	c	é	i	s	■	r

No. 30

■	■	c	r	i	a	d	a	s	■
v	e	o	■	r	■	i	■	e	■
i	■	r	■	a	b	o	r	d	o
v	e	r	■	■	o	■	■	■	b
i	■	e	d	a	d	■	p	o	r
m	a	r	■	c	a	í	a	■	e
o	■	■	■	t	■	■	s	e	r
s	i	g	l	o	s	■	a	■	o
■	b	■	o	■	u	■	d	o	s
■	a	b	s	u	r	d	o	■	■

Solutions

No. 31

c	█	b	u	f	a	n	d	a	s
a	ñ	o	█	a	█	o	█	v	█
s	█	c	█	m	█	t	r	e	s
t	r	i	g	o	█	a	█	█	e
i	█	n	█	s	e	r	í	a	n
g	r	a	d	o	s	█	b	█	d
o	█	█	u	█	t	r	a	j	e
s	a	l	d	r	á	█	m	█	r
█	m	█	a	█	i	█	o	s	o
s	o	n	r	i	s	a	s	█	s

No. 32

e	s	t	u	d	i	o	█	█	a
█	a	█	ñ	█	m	█	m	e	s
█	l	l	a	m	a	d	o	█	u
p	█	l	█	█	g	█	s	o	n
a	m	a	n	t	e	█	t	█	t
r	█	m	█	e	n	v	a	n	o
t	í	a	█	a	█	█	z	█	s
i	█	b	u	t	a	c	a	s	█
d	í	a	█	r	█	a	█	u	█
o	█	█	p	o	n	e	r	s	e

No. 33

b	█	█	d	e	j	a	m	o	s
u	n	a	█	n	█	ú	█	í	█
z	█	d	e	t	e	n	e	r	█
o	y	e	█	r	█	█	u	█	h
n	█	n	█	a	l	a	r	m	a
e	n	t	e	r	o	█	o	█	b
s	█	r	█	█	g	█	p	a	r
█	m	o	v	e	r	s	e	█	í
█	a	█	a	█	a	█	o	í	a
l	l	a	n	u	r	a	█	█	n

No. 34

█	█	c	o	m	i	d	a	s	█
u	n	o	█	o	█	a	█	o	█
s	█	r	e	d	█	s	a	l	e
t	í	o	█	e	█	█	l	█	m
e	█	█	█	l	e	j	a	n	o
d	e	s	e	o	s	█	█	█	c
e	█	o	█	█	p	█	f	u	i
s	u	y	o	█	o	r	o	█	ó
█	v	█	j	█	s	█	t	a	n
█	a	b	o	g	a	d	o	█	█

No. 35

d	o	c	e	█	l	l	a	n	o
i	█	█	s	█	u	█	p	█	i
c	o	m	e	n	z	a	r	█	g
e	█	e	█	u	█	█	e	s	o
s	i	n	█	b	i	e	n	█	█
█	█	o	l	e	r	█	d	a	r
v	e	s	█	█	í	█	e	█	e
e	█	m	i	l	a	g	r	o	s
l	█	a	█	a	█	a	█	█	t
a	u	l	a	s	█	s	i	g	o

No. 36

a	█	█	v	e	c	i	n	o	s
m	a	r	█	s	█	r	█	l	█
e	█	e	n	t	r	a	d	a	█
n	o	s	█	a	█	█	i	█	m
u	█	p	█	d	e	j	a	b	a
d	u	e	ñ	o	s	█	█	b	█
o	█	t	█	█	c	█	l	o	s
█	p	o	r	p	o	c	o	█	t
█	i	█	í	█	b	█	s	e	r
m	e	j	o	r	a	r	█	█	o

Solutions

No. 37

c	■	p	a	l	a	b	r	a	s
a	v	e	■	l	■	r	ñ	■	
r	■	a	■	e	■	o	j	o	s
r	a	t	ó	n	■	m	■	■	í
e	■	ó	■	a	c	a	b	a	n
t	e	n	d	r	á	■	e	■	t
a	■	■	e	■	m	u	s	e	o
s	e	g	u	í	a	■	t	■	m
■	r	■	d	■	r	■	i	b	a
p	a	r	a	n	a	d	a	■	s

No. 38

v	a	s	■	a	r	o	m	a	s
u	■	e	■	c	■	■	a	■	o
e	n	c	u	e	n	t	r	a	n
l	■	r	■	r	■	■	c	■	■
v	■	e	■	c	a	b	a	ñ	a
e	n	t	r	a	n	■	d	■	p
■	■	a	■	■	s	■	o	■	e
d	i	r	i	g	i	e	r	o	n
i	■	i	■	■	a	■	e	■	a
o	l	o	r	e	s	■	s	u	s

No. 39

a	u	s	e	n	c	i	a	■	a
■	ñ	■	n	■	i	■	m	a	l
p	a	s	o	■	e	■	a	■	m
r	■	■	j	■	l	a	b	i	o
e	s	p	o	s	o	■	l	■	h
p	■	e	■	e	s	f	e	r	a
a	b	r	i	l	■	r	■	■	d
r	■	r	■	l	l	a	n	t	a
a	m	o	■	o	■	s	■	í	■
r	■	s	i	s	t	e	m	a	s

No. 40

■	■	s	a	l	i	d	a	s	■
t	í	o	■	a	■	a	■	o	■
r	■	p	a	n	■	s	a	l	e
u	v	a	■	z	■	■	l	■	m
e	■	■	a	■	l	l	a	d	o
n	ú	m	e	r	o	■	■	■	c
o	■	i	■	■	c	■	f	u	i
s	o	l	o	■	u	n	o	■	ó
■	í	■	j	■	r	■	t	a	n
■	a	b	o	g	a	d	o	■	■

No. 41

a	■	a	p	u	n	t	o	d	e
p	o	r	■	n	■	e	■	í	■
a	■	r	■	p	e	n	s	a	r
r	u	i	d	o	■	e	■	■	i
e	■	b	■	c	a	r	b	ó	n
c	l	a	v	o	s	■	r	■	c
í	■	■	i	■	a	p	o	y	o
a	c	t	u	a	l	■	n	■	n
■	o	■	d	■	v	■	c	a	e
a	l	c	a	b	o	d	e	■	s

No. 42

■	m	e	m	o	r	i	a	■	■
■	á	■	e	■	e	■	l	a	s
o	s	o	s	■	i	r	a	■	e
b	■	í	■	■	n	■	s	i	n
t	i	r	a	n	o	■	■	■	d
e	■	■	■	e	s	t	u	v	e
n	o	s	■	v	■	■	s	■	r
e	■	e	s	e	■	m	o	d	o
r	e	d	■	r	■	a	■	a	■
■	■	a	g	a	r	r	a	r	■

Solutions

No. 43

p	█	p	e	c	u	l	i	a	r
a	ñ	o	█	i	█	o	█	ú	█
d	█	c	o	n	█	s	i	n	o
r	í	o	█	c	█	█	r	█	b
i	█	█	█	e	s	t	á	i	s
n	o	v	e	l	a	█	█	█	e
o	█	o	█	█	l	█	s	u	r
s	u	y	o	█	v	e	o	█	v
█	n	█	l	█	a	█	i	b	a
p	a	l	a	b	r	a	s	█	r

No. 44

█	█	p	r	o	c	e	s	o	█
e	s	o	█	b	█	s	█	y	█
s	█	d	█	r	o	m	p	e	r
t	o	r	r	e	█	á	█	█	e
a	█	á	█	r	e	s	t	o	s
m	u	n	d	o	s	█	i	█	p
o	█	█	e	█	t	r	e	c	e
s	e	g	u	í	a	█	█	n	t
█	r	█	d	█	b	█	d	i	o
█	a	c	a	b	a	b	a	█	█

No. 45

h	i	e	r	r	o	█	m	í	o
a	█	s	█	█	r	█	a	█	l
n	a	c	i	m	i	e	n	t	o
█	█	r	█	█	l	█	d	█	r
a	n	i	m	a	l	█	í	█	e
f	█	t	█	b	a	r	b	a	s
e	█	o	█	u	█	█	u	█	█
c	a	r	r	e	t	i	l	l	a
t	█	i	█	l	█	█	a	█	m
o	r	o	█	a	b	i	s	m	o

No. 46

v	o	z	█	m	a	n	e	r	a
i	█	a	█	i	█	█	s	█	v
s	u	p	e	r	f	i	c	i	e
i	█	a	█	a	█	r	█	█	█
t	█	t	█	b	o	c	i	n	a
a	m	i	g	a	s	█	t	█	v
█	█	l	█	█	c	█	o	█	i
p	e	l	u	q	u	e	r	o	s
a	█	a	█	█	r	█	e	█	o
r	o	s	t	r	o	█	s	u	s

No. 47

g	r	a	c	i	a	█	t	a	l
a	█	s	█	l	█	e	█	█	e
s	e	c	r	e	t	a	r	i	o
█	█	e	█	█	u	█	r	█	n
p	e	n	s	a	r	█	i	█	e
i	█	s	█	c	a	n	t	o	s
e	█	o	█	e	█	█	o	█	█
d	o	r	m	i	t	o	r	i	o
a	█	e	█	t	█	█	i	█	í
d	a	s	█	e	s	c	o	b	a

No. 48

v	o	l	v	e	r	█	v	e	r
í	█	i	█	u	█	e	█	█	a
a	m	b	i	c	i	o	n	e	s
█	█	e	█	█	d	█	t	█	g
p	o	r	e	s	o	█	i	█	o
u	█	t	█	a	s	i	l	o	s
l	█	a	█	l	█	█	a	█	█
m	a	d	r	u	g	a	d	a	s
ó	█	e	█	d	█	█	o	█	o
n	o	s	█	o	y	e	r	o	n

Solutions

No. 49

```
o █ f ó r m u l a s
f u i █ i █ n █ ñ █
i █ e s e █ o s o s
c o l █ s █ █ u █ u
i █ █ █ g a r r a s
n o v i o s █ █ █ u
a █ a █ █ í █ s e r
s i n o █ q u e █ r
█ b █ l █ u █ t í a
l a v a d e r o █ r
```

No. 50

```
p █ d i s p a r o s
o j o █ o █ l █ y █
r █ c o n █ a v e r
f u e █ i █ █ a █ e
a █ █ d i o s e s █
v i e r o n █ █ █ p
o █ r █ ú █ c a e █
r e a l █ t í o █ t
█ s █ o █ i █ d í a
b o l s i l l o █ r
```

No. 51

```
█ r i e n d a s █ █
█ í █ n █ i █ u n a
c o n o c e █ e █ p
u █ █ j █ r e g l a
e s p o s o █ r █ r
r █ e █ e n c a m a
p o d e r █ r █ █ t
o █ i █ v u e l v o
s e d █ i █ e █ e █
█ █ o b r e r o s █
```

No. 52

```
█ s a b e m o s █
a m o █ u █ á █ o █
l █ l a s █ s a l e
m í o █ c █ █ ú █ n
e █ █ a p e n a s █
n e v e r a █ █ e █
o █ o █ s █ o í r █
s u y o █ a s í █ i
█ v █ r █ d █ d i o
█ a b o g a d o █ █
```

No. 53

```
t █ c a r i ñ o s
a u n █ c █ r █ í █
m █ a m e n a z a █
p a r █ r █ █ a █ b
o █ a █ c o m p r a
c o n t a r █ a █ l
o █ j █ █ i █ t a l
█ p a s i l l o █ e
█ o █ a █ l █ s i n
b r i l l a r █ █ a
```

No. 54

```
m u c h o s █ g a s
a █ o █ █ o █ e █ i
l e n t a m e n t e
█ █ c █ █ b █ e █ n
p u l g a r █ r █ t
u █ u █ t a m a ñ o
l █ s █ a █ █ c █ █
p r i n c i p i o s
o █ ó █ a █ █ ó █ u
s o n █ r e i n o s
```

Solutions

No. 55

a	■	c	u	c	h	a	r	a	s
m	i	l	■	r	■	l	■	v	■
a	■	a	■	i	■	f	i	e	l
n	o	v	i	a	■	i	■	■	l
e	■	o	■	d	e	n	a	d	a
c	o	s	t	a	s	■	t	■	m
e	■	■	o	■	p	l	a	t	a
r	i	e	s	g	o	■	q	■	m
■	b	■	e	■	s	■	u	n	o
c	a	r	r	u	a	j	e	■	s

No. 56

a	m	b	i	c	i	ó	n	■	c
■	e	■	g	■	r	■	o	j	o
e	s	t	u	v	e	■	v	■	n
x	■	■	a	■	m	i	e	d	o
a	s	a	l	v	o	■	l	■	c
m	■	d	■	e	s	t	a	r	é
i	d	e	a	s	■	o	■	■	i
n	■	m	■	t	a	r	d	e	s
a	c	á	■	i	■	r	■	s	■
r	■	s	a	r	t	e	n	e	s

No. 57

p	■	s	i	l	l	o	n	e	s
o	s	o	■	o	■	y	■	s	■
r	■	n	■	s	u	e	ñ	o	s
f	u	i	■	s	■	■	■	■	o
a	■	d	u	r	o	■	m	a	r
v	e	o	■	e	s	t	e	■	p
o	■	■	a	■	■	d	a	r	■
r	e	g	a	l	o	■	i	■	e
■	r	■	l	■	l	■	d	a	s
p	a	r	a	n	a	d	a	■	a

No. 58

■	■	c	a	m	i	n	o	s	■
f	u	e	■	o	■	o	■	o	■
a	■	r	e	d	■	s	a	l	e
m	í	o	■	e	■	■	ú	■	n
i	■	■	■	l	e	o	n	e	s
l	e	c	h	o	s	■	■	■	e
i	■	o	■	■	t	■	o	í	r
a	u	l	a	■	a	s	í	■	i
■	v	■	ñ	■	b	■	d	i	o
■	a	b	o	g	a	d	o	■	■

No. 59

h	a	b	l	a	b	a	n	■	h
■	m	■	l	■	o	■	i	r	a
r	o	c	a	■	l	■	e	■	c
o	■	■	m	■	s	o	b	r	e
t	o	m	a	b	a	■	l	■	p
o	■	a	■	e	s	t	a	d	o
n	i	ñ	a	s	■	i	■	■	c
d	■	a	■	t	i	e	m	p	o
a	u	n	■	i	■	n	■	i	■
s	■	a	p	a	r	e	c	e	n

No. 60

p	■	c	u	c	h	i	l	l	o
r	í	o	■	a	■	s	■	u	■
o	■	c	■	s	■	l	a	z	o
b	a	h	í	a	■	a	■	■	b
a	■	e	■	d	e	s	e	o	s
b	u	s	c	a	n	■	f	■	e
l	■	■	r	■	c	r	e	e	r
e	s	f	e	r	a	■	c	■	v
■	u	■	y	■	m	■	t	í	a
e	s	t	ó	m	a	g	o	■	r

Solutions

No. 61

e	█	e	s	c	u	c	h	a	r
s	o	n	█	o	█	o	█	v	█
c	█	t	█	n	█	c	a	e	n
l	l	e	g	o	█	o	█	█	o
a	█	r	█	c	a	s	c	o	s
v	i	o	l	í	n	█	u	█	v
o	█	█	í	█	t	r	e	c	e
s	i	e	n	t	e	█	n	█	m
█	b	█	e	█	n	█	t	í	o
c	a	l	a	b	a	z	a	█	s

No. 62

█	█	s	a	l	i	m	o	s	█
d	í	a	█	a	█	a	█	e	█
í	█	b	█	s	a	l	i	d	a
a	h	í	█	i	█	█	█	█	r
a	█	a	m	a	r	█	p	o	r
d	a	n	█	p	e	n	a	█	o
í	█	█	█	i	█	█	s	o	y
a	v	e	c	e	s	█	a	█	o
█	í	█	a	█	e	█	d	o	s
█	a	l	e	g	r	í	a	█	█

No. 63

█	m	i	t	a	d	e	s	█	█
█	i	█	i	█	e	█	u	s	o
l	l	e	g	a	n	█	f	█	b
á	█	█	r	█	t	i	r	a	r
p	a	t	e	a	r	█	i	█	e
i	█	o	█	c	o	r	r	e	r
c	l	a	s	e	█	e	█	█	o
e	█	l	█	r	u	i	d	o	s
s	a	l	█	c	█	n	█	í	█
█	█	a	c	a	b	a	b	a	█

No. 64

v	a	g	o	n	e	s	█	█	e
█	l	█	l	█	t	█	p	a	n
█	a	p	a	r	e	c	e	█	s
a	█	i	█	r	█	q	u	e	█
v	i	e	n	e	n	█	u	█	ñ
e	█	n	█	n	o	v	e	l	a
n	o	s	█	c	█	ñ	█	█	r
i	█	a	n	i	l	l	o	s	█
d	a	s	█	m	█	o	█	u	█
a	█	█	m	a	e	s	t	r	o

No. 65

m	█	m	i	l	l	o	n	e	s
o	j	o	█	l	█	v	█	s	█
m	█	n	█	o	y	e	r	o	n
e	s	t	a	r	█	j	█	█	a
n	█	ó	█	a	c	a	b	a	r
t	e	n	d	r	á	█	a	█	a
o	█	█	e	█	m	i	r	a	n
s	e	g	u	í	a	█	r	█	j
█	s	█	d	█	r	█	i	r	a
s	e	p	a	r	a	d	o	█	s

No. 66

d	e	l	i	t	o	█	v	e	s
a	█	e	█	█	c	█	e	█	a
r	e	v	o	l	u	c	i	ó	n
█	█	a	█	█	p	█	n	█	d
l	a	n	c	h	a	█	t	█	í
e	█	t	█	a	r	r	i	b	a
c	█	a	█	r	█	█	t	█	█
h	e	r	v	i	d	o	r	e	s
o	█	o	█	n	█	█	é	█	u
s	i	n	█	a	v	i	s	o	s

Solutions

No. 67

```
■ ■ p a s a m o s ■
v e o ■ a ■ á ■ o ■
i ■ c o l ■ s a l e
v i o ■ v ■ ú ■ ■ n
i ■ ■ a p e n a s ■
m a d e r a ■ ■ ■ e
o ■ o ■ t ■ m a r
s u y o ■ a ñ o ■ i
■ n ■ s ■ t ■ d i o
■ a b o g a d o ■ ■
```

No. 68

```
■ ■ a m i s t a d ■
v e r ■ b ■ í ■ í ■
e ■ r ■ a t a c a r
r í o ■ ■ r ■ ■ ■ i
d ■ y a t e ■ p i e
u n o ■ o s e a ■ n
r ■ ■ ■ n ■ ■ s e d
a m i g o s ■ a ■ a
■ e ■ a ■ o ■ d o s
■ s e s e n t a ■ ■
```

No. 69

```
p e r a ■ t e m o r
a ■ ■ v ■ a ■ a ■ o
g o b e r n a r ■ t
o ■ o ■ o ■ ■ t í o
s e r ■ c a s i ■ ■
■ ■ r e a l ■ l a s
v í a ■ ■ m ■ l ■ i
i ■ c a m a r o t e
v ■ h ■ í ■ e ■ ■ t
o t o ñ o ■ ■ d o c e
```

No. 70

```
h ■ t e m p r a n o
o í r ■ i ■ o ■ o
s ■ u ■ r ■ p a s a
p r e s a ■ a ■ ■ p
i ■ n ■ b e s t i a
t r o p a s ■ u ■ r
a ■ ■ l ■ p u e d e
l e j a n o ■ r ■ c
■ r ■ y ■ s ■ c a e
p a r a n a d a ■ r
```

No. 71

```
d i s c u r s o ■ a
■ r ■ l ■ u ■ s a l
c a s a ■ i ■ c ■ c
e ■ ■ v ■ d e u d a
p o r e s o ■ r ■ b
i ■ e ■ e s p o s o
l u g a r ■ o ■ ■ d
l ■ l ■ í n d o l e
o í a ■ a ■ í ■ o
s ■ s e n t a r s e
```

No. 72

```
t ■ ■ o c é a n o s
a u n ■ u ■ l ■ l
m ■ a c a b a b a ■
p o r ■ n ■ ■ e ■ t
o ■ a ■ t a m b o r
c a n t o s ■ i ■ a
o ■ j ■ ■ i ■ d a s
■ c a m i l l a ■ e
■ o ■ a ■ o ■ s u r
i n c l u s o ■ ■ o
```

Solutions

No. 73

```
■ ■ c u c h a r a ■
v e o ■ e ■ ñ ■ m ■
i ■ m a r ■ o l o r
v i o ■ r ■ ■ e ■ e
i ■ ■ ■ a p o y o s
m a d e r a ■ ■ ■ p
o ■ o ■ ■ r ■ o y e
s u y o ■ ■ a h í ■
■ n ■ s ■ d ■ d i o
■ a b o g a d o ■ ■
```

No. 74

```
m u c h o s ■ c o l
i ■ o ■ ■ o ■ o ■ l
l e n t a m e n t e
■ ■ f ■ ■ b ■ g ■ g
p u l g a r ■ e ■ a
a ■ i ■ b a i l a r
s ■ c ■ u ■ ■ a ■ ■
e n t r e n a d o r
o ■ o ■ l ■ ■ o ■ í
s u s ■ a b o r d o
```

No. 75

```
l l a m a d a s ■ p
■ a ■ i ■ i ■ e s o
e s t e ■ e ■ v ■ r
n ■ ■ d ■ r u e d a
f a m o s o ■ r ■ h
r ■ e ■ u n p o c o
e n t r e ■ o ■ ■ r
n ■ r ■ l e n g u a
t í o ■ o ■ e ■ v ■
e ■ s u s u r r a r
```

No. 76

```
e d a d e s ■ d a r
r ■ s ■ ■ u ■ e ■ o
a c c i d e n t e s
■ ■ e ■ ■ g ■ u ■ t
p e n s a r ■ v ■ r
i ■ s ■ m a r i d o
e ■ o ■ i ■ ■ e ■ ■
d i r i g i e r o n
a ■ e ■ o ■ ■ o ■ o
d o s ■ s i g n o s
```

No. 77

```
■ ■ d e s p u é s ■
a v e ■ o ■ ñ ■ e ■
c ■ d a n ■ a i r e
u n o ■ i ■ ■ b ■ m
s ■ ■ ■ d e b a j o
a v i s o s ■ ■ ■ c
d ■ r ■ ■ t ■ f u i
o l a s ■ ■ u s o ■ ó
■ ■ o ■ i ■ v ■ t a n
■ ■ s e n d e r o ■ ■
```

No. 78

```
■ ■ c a m e l l o ■
s u r ■ é ■ u ■ l ■
o ■ i ■ t e n í a n
m u s l o ■ a ■ ■ a
b ■ i ■ d e s e a r
r e s t o s ■ s ■ a
a ■ ■ a ■ t a p ó n
s a b r í a ■ a ■ j
■ l ■ e ■ b ■ d í a
■ a c a b a b a ■ ■
```

Solutions

No. 79

d	o	r	m	i	r	■	a	■	g
■	r	■	a	■	e	■	p	a	r
c	o	r	r	e	d	o	r	■	u
■	■	i	■	r	■	e	s	e	■
a	ú	n	■	e	r	a	n	■	s
p	■	c	a	s	a	■	d	i	o
o	s	o	■	■	t	■	e	■	■
y	■	n	o	s	o	t	r	o	s
o	y	e	■	o	■	í	■	í	■
s	■	s	■	l	l	a	m	a	s

No. 80

v	o	l	c	a	n	e	s	■	h
■	í	■	l	■	o	■	u	n	a
i	r	í	a	■	m	■	e	■	c
m	■	■	v	■	b	o	r	d	e
p	a	t	e	a	r	■	t	■	p
u	■	r	■	v	e	n	e	n	o
l	l	a	v	e	■	u	■	■	c
s	■	t	■	c	u	e	r	p	o
o	j	o	■	e	■	v	■	i	■
s	■	s	o	s	t	e	n	e	r

No. 81

m	u	l	e	t	a	■	c	a	e
a	■	e	■	■	l	■	a	■	l
l	e	v	a	n	t	a	r	s	e
■	■	a	■	u	■	r	■	g
c	o	n	t	a	r	■	e	■	i
o	■	t	■	c	a	n	t	a	r
m	■	a	■	e	■	i	■	■	
p	a	r	t	i	c	u	l	a	r
r	■	o	■	t	■	l	■	í	
a	u	n	■	e	n	v	a	n	o

No. 82

a	s	p	e	c	t	o	s	■	c
■	e	■	n	■	i	■	a	m	o
o	d	i	o	■	g	■	l	■	n
r	■	■	j	■	r	u	i	d	o
í	n	d	o	l	e	■	d	■	c
g	■	u	■	e	s	t	a	r	é
e	n	e	r	o	■	o	■	■	i
n	■	ñ	■	n	o	c	h	e	s
e	s	o	■	e	■	a	■	r	■
s	■	s	u	s	u	r	r	a	r

No. 83

a	s	e	s	i	n	o	■	■	a
■	u	■	i	■	i	■	t	a	l
■	s	o	n	r	e	í	a	■	c
a	■	b	■	b	■	m	í	o
c	á	r	c	e	l	■	b	■	h
u	■	e	■	s	a	b	i	d	o
s	e	r	■	t	■	é	■	l
a	■	o	f	i	c	i	n	a	■
d	a	s	■	l	■	r	■	v
o	■	■	t	o	m	a	t	e	s

No. 84

m	e	s	■	q	u	e	d	a	n
u	■	e	■	u	■	■	o	■	o
e	n	c	u	e	n	t	r	o	s
r	■	r	■	d	■	■	m	■	
t	■	e	■	a	r	r	i	b	a
e	s	t	a	r	á	■	t	■	g
■	■	a	■	p	■	o	■	o
d	i	r	i	g	i	e	r	o	n
í	■	i	■	■	d	■	i	■	í
a	b	o	r	d	o	■	o	l	a

Solutions

No. 85

q	u	e	r	e	r	■	v	e	r
u	■	n	■	■	e	■	e	■	i
e	s	t	u	d	i	a	n	t	e
■	■	r	■	■	n	■	t	■	s
a	t	e	n	t	o	■	i	■	g
c	■	v	■	a	s	a	l	v	o
a	■	i	■	b	■	■	a	■	■
r	e	s	u	l	t	a	d	o	s
g	■	t	■	a	■	■	o	■	u
o	í	a	■	s	u	f	r	i	r

No. 86

b	■	f	a	m	i	l	i	a	r
u	n	o	■	i	■	o	■	ú	■
f	■	t	a	n	■	s	i	n	o
a	ñ	o	■	u	■	■	r	■	b
n	■	■	■	t	e	n	é	i	s
d	e	s	e	o	s	■	■	■	e
a	■	o	■	■	t	■	p	o	r
s	a	l	e	■	u	n	a	■	v
■	l	■	s	■	v	■	v	í	a
h	a	c	e	p	o	c	o	■	r

No. 87

e	■	s	o	l	l	o	z	o	s
d	i	o	■	a	■	y	■	r	■
i	■	c	■	s	u	e	ñ	o	s
f	u	i	■	s	■	■	■	■	o
i	■	a	u	t	o	■	m	a	l
c	o	l	■	e	s	t	e	■	d
i	■	■	■	m	■	t	í	a	
o	c	u	p	a	r	■	r	■	d
■	o	■	a	■	e	■	o	s	o
e	n	t	r	a	d	a	s	■	s

No. 88

a	■	■	l	u	g	a	r	e	s
m	á	s	■	n	■	u	■	s	■
i	■	e	n	p	u	n	t	o	■
s	o	n	■	o	■	■	u	■	c
t	■	t	■	c	a	b	e	z	a
a	m	i	g	o	s	■	r	■	m
d	■	d	■	■	i	■	c	a	e
■	r	o	d	i	l	l	a	■	l
■	í	■	a	■	o	■	s	a	l
s	o	n	r	i	s	a	■	■	o

No. 89

p	u	e	b	l	o	■	h	a	s
i	■	s	■	r	■	e	■	e	
e	s	t	u	v	i	e	r	o	n
■	■	o	■	■	l	■	v	■	t
c	á	r	c	e	l	■	i	■	í
o	■	n	■	s	a	n	d	í	a
m	■	u	■	p	■	■	o	■	
p	a	d	r	a	s	t	r	o	s
á	■	a	■	d	■	■	e	■	u
s	e	r	■	a	v	i	s	o	s

No. 90

s	■	t	é	r	m	i	n	o	s
u	v	a	■	e	■	n	■	l	
s	■	r	■	g	■	d	í	a	s
p	o	e	m	a	■	i	■	■	u
i	■	a	■	l	e	o	n	e	s
r	e	s	t	o	s	■	o	■	u
o	■	■	i	■	t	o	c	a	r
s	o	m	b	r	a	■	h	■	r
■	j	■	i	■	r	■	e	r	a
c	o	n	o	c	é	i	s	■	r

Solutions

No. 91

	t	e	n	e	d	o	r		
	a	■	e	■	i	■	o	í	r
l	l	e	g	a	n	■	s	■	e
l	■	■	a	■	e	s	t	á	s
e	n	t	r	a	r	■	r	■	p
g	■	r	■	c	o	n	o	c	e
a	c	a	b	a	■	o	■	■	t
b	■	t	■	b	a	r	r	i	o
a	m	o	■	a	■	t	■	b	■
■	■	s	o	n	r	e	í	a	■

No. 92

m	i	l	a	g	r	o	s	■	c
■	r	■	p	■	u	■	u	ñ	a
m	a	n	o	■	i	■	e	■	m
a	■	■	y	■	d	i	r	í	a
e	s	p	o	s	o	■	t	■	r
s	■	a	■	e	s	p	e	j	o
t	o	s	e	r	■	o	■	■	t
r	■	e	■	í	n	d	o	l	e
a	ñ	o	■	a	■	í	■	o	■
s	■	s	e	n	t	a	r	s	e

No. 93

o	d	i	o	■	m	u	s	e	o
t	■	s	■	a	■	o	■	■	l
r	e	c	o	r	r	e	r	■	o
o	■	o	■	i	■	■	p	a	r
s	i	n	■	c	a	e	r	■	■
■	■	f	l	o	r	■	e	s	e
a	v	e	■	■	m	■	s	■	n
l	■	s	e	p	a	r	a	d	o
a	■	a	■	a	■	e	■	■	j
s	e	r	á	n	■	d	u	d	o

No. 94

c	r	e	c	e	r	■	g	a	s
a	■	n	■	■	e	■	e	■	u
e	s	t	u	d	i	a	n	t	e
■	■	r	■	■	n	■	e	■	g
s	i	e	n	t	o	■	r	■	r
a	■	v	■	e	s	t	a	d	o
b	■	i	■	c	■	■	c	■	■
r	e	s	o	l	u	c	i	ó	n
í	■	t	■	a	■	■	ó	■	o
a	l	a	■	s	i	g	n	o	s

No. 95

i	■	■	d	e	l	a	n	t	e
m	a	l	■	n	■	ú	■	í	■
p	■	l	e	v	a	n	t	a	■
o	y	e	■	i	■	■	ú	■	p
r	■	v	■	a	m	a	n	t	e
t	e	a	t	r	o	■	e	■	r
a	■	b	■	■	r	■	l	a	s
■	p	a	q	u	e	t	e	■	o
■	o	■	u	■	n	■	s	o	n
t	r	u	e	n	o	s	■	■	a

No. 96

s	u	s	■	c	u	á	n	t	o
a	■	a	■	o	■	■	u	■	í
n	a	t	u	r	a	l	e	z	a
g	■	i	■	r	■	■	v	■	
r	■	s	■	e	s	p	a	d	a
e	s	f	e	r	a	■	m	■	b
■	■	e	■	■	b	■	e	■	i
d	e	c	i	s	i	o	n	e	s
í	■	h	■	■	d	■	t	■	m
a	b	o	r	d	o	■	e	s	o

Solutions

No. 97

		i	m	p	u	l	s	o	
t	a	n		a		a		í	
e		g		s	e	g	u	r	o
s	a	l	s	a		o			b
o		é		d	e	s	e	a	r
r	a	s	g	o	s		n		e
o			r		t	o	c	a	r
s	e	m	a	n	a		a		o
	r		v		b		m	á	s
	a	m	e	n	a	z	a		

No. 98

a		s	e	n	c	i	l	l	o
u	v	a		e		s		u	
s		l		v		l	a	z	o
e	n	t	r	e		a			b
n		a		r	e	s	t	o	s
c	a	r	t	a	s		e		e
i			r		t	e	n	e	r
a	r	r	i	b	a		é		v
	í		g		r		i	r	a
c	o	n	o	c	é	i	s		r

No. 99

b	a	l	l	e	n	a	s		p
	v		o		ú		a	ñ	o
s	e	i	s		m	i	l		l
i		b		e		a	h	í	
l	l	a	m	a	r				t
l				c	o	m	o	s	i
o	s	o		e			r		c
n		s	i	n		f	o	t	o
e	s	e		t		u		í	
s		a	l	o	m	e	j	o	r

No. 100

a	c	e	r	a	s		d	a	r
l		n			u		e		o
a	c	c	i	d	e	n	t	e	s
		u		ñ			u		t
c	u	e	l	l	o		v		r
i		n		e	s	t	i	l	o
u		t		n			e		
d	i	r	i	g	i	e	r	o	n
a		o		u			o		o
d	a	s		a	p	e	n	a	s

No. 101

		h	a	c	e	m	o	s	
v	e	o		a		e		o	
i		r	e	d		s	a	l	e
v	í	a		e		ú		n	
i				r	e	i	n	o	s
m	i	l	l	a	s				e
o		e			p		s	u	r
s	u	y	o		o	y	e		i
	n		l		s		d	i	o
		a	c	a	b	a	b	a	

No. 102

c	u	b	i	e	r	t	o		a
	ñ		d		a		s	a	l
n	a	v	e		í		c		c
o			a		c	a	u	s	a
t	r	i	s	t	e		r		b
i		r		e	s	p	o	s	o
c	r	e	e	n		o			d
i		m		í	n	d	o	l	e
a	m	o		a		í		a	
s		s	e	n	t	a	r	s	e

Solutions

No. 103

t	e	n	e	r	q	u	e	■	p
■	r	■	n	■	u	■	v	e	r
p	a	r	e	c	e	■	i	■	e
r	■	■	r	■	d	a	t	o	s
e	s	c	o	b	a	■	a	■	e
p	■	o	■	e	n	t	r	a	n
a	u	l	a	s	■	u	■	■	t
r	■	i	■	t	o	m	a	t	e
a	u	n	■	i	■	b	■	í	■
r	■	a	c	a	b	a	b	a	n

No. 104

h	a	s	■	c	r	e	c	e	r
o	■	a	■	u	■	■	i	■	í
m	a	t	r	i	m	o	n	i	o
b	■	i	■	d	■	■	t	■	■
r	■	s	■	a	l	t	u	r	a
e	s	f	e	r	a	■	r	■	v
■	■	e	■	■	b	■	o	■	i
d	e	c	i	s	i	o	n	e	s
í	■	h	■	■	o	■	e	■	o
a	r	o	m	a	s	■	s	u	s

No. 105

h	■	m	i	n	i	s	t	r	o
o	j	o	■	e	■	o	■	e	■
s	■	r	■	v	■	m	a	y	o
p	u	e	d	e	■	o	■	■	b
i	■	n	■	r	e	s	t	o	s
t	r	o	p	a	s	■	e	■	e
a	■	■	e	■	t	e	n	e	r
l	a	n	c	h	a	■	é	■	v
■	ñ	■	h	■	r	■	i	b	a
c	o	n	o	c	é	i	s	■	r

No. 106

s	i	g	o	■	t	r	a	t	o
o	■	■	í	■	a	■	b	■	s
p	a	d	r	i	n	o	s	■	e
a	■	e	■	s	■	■	o	í	a
s	o	n	■	l	e	a	l	■	■
■	■	t	r	a	s	■	u	v	a
f	u	i	■	■	t	■	t	■	h
a	■	s	e	m	á	f	o	r	o
m	■	t	■	í	■	i	■	■	r
a	c	a	b	o	■	n	a	t	a

No. 107

o	■	p	i	m	i	e	n	t	o
f	u	e	■	e	■	s	■	í	■
i	■	o	■	s	u	e	l	o	s
c	o	n	■	s	■	■	■	■	u
i	■	e	l	l	a	■	g	a	s
n	o	s	■	i	r	í	a	■	u
a	■	■	■	m	■	■	s	u	r
s	i	l	l	a	s	■	t	■	r
■	r	■	u	■	i	■	o	l	a
m	a	n	z	a	n	a	s	■	r

No. 108

q	■	l	i	b	e	r	t	a	d
u	n	a	■	l	■	u	■	c	■
e	■	n	■	a	l	e	m	á	n
r	a	z	ó	n	■	d	■	■	o
e	■	a	■	c	l	a	s	e	s
m	á	r	m	o	l	■	i	■	v
o	■	■	o	■	e	n	t	r	e
s	a	r	t	é	n	■	i	■	m
■	l	■	o	■	a	■	o	s	o
c	a	r	r	e	r	a	s	■	s

Solutions

No. 109

r	■	p	r	o	b	l	e	m	a
e	s	o	■	f	■	a	■	a	■
s	■	c	a	e	■	s	a	l	a
u	n	o	■	r	■	ú	■	■	c
e	■	■	■	t	i	e	n	d	a
l	l	e	g	a	n	■	■	■	h
t	■	r	■	ú	■	v	í	a	■
o	l	a	s	■	t	í	a	■	l
■	o	■	e	■	i	■	c	o	l
e	s	t	r	e	l	l	a	■	o

No. 110

a	c	c	i	ó	n	■	p	o	r
m	■	a	■	■	o	■	e	■	o
o	b	s	t	á	c	u	l	o	s
■	■	u	■	■	h	■	u	■	t
a	p	a	r	t	e	■	q	■	r
r	■	l	■	o	s	c	u	r	o
o	■	i	■	m	■	■	e	■	■
m	a	d	r	a	s	t	r	a	s
a	■	a	■	b	■	■	o	■	u
s	e	d	■	a	v	i	s	o	s

No. 111

b	■	t	r	a	b	a	j	a	r
u	s	o	■	l	■	r	■	v	■
f	■	m	■	l	■	c	r	e	a
a	r	a	ñ	a	■	o	■	■	r
n	■	t	■	d	e	s	e	a	r
d	i	e	r	o	n	■	s	■	a
a	■	■	e	■	t	a	p	ó	n
s	a	n	g	r	e	■	a	■	c
■	ñ	■	l	■	r	■	d	í	a
p	o	r	a	h	o	r	a	■	r

No. 112

h	o	n	r	a	d	o	■	■	i
■	í	■	í	■	i	■	t	a	n
■	a	b	o	g	a	d	o	■	c
c	■	r	■	■	b	■	m	i	l
a	n	i	m	a	l	■	a	■	u
n	■	l	■	b	o	m	b	a	s
s	o	l	■	u	■	■	a	■	o
a	■	a	s	e	s	i	n	o	■
d	a	r	■	l	■	b	■	r	■
o	■	■	c	a	z	a	d	o	r

No. 113

i	■	e	s	p	a	c	i	o	s
g	a	s	■	a	■	o	■	y	■
l	■	c	■	r	i	n	c	ó	n
e	s	e	■	■	b	■	■	■	a
s	■	n	a	d	a	■	m	a	r
i	r	a	■	a	n	t	e	■	a
a	■	■	■	b	■	■	d	a	n
s	a	l	v	a	r	■	i	■	j
■	u	■	e	■	e	■	o	l	a
e	n	t	r	a	d	a	s	■	s

No. 114

a	■	e	x	a	m	i	n	a	r
m	e	s	■	s	■	d	■	l	■
b	■	t	■	a	c	e	r	a	s
i	g	u	a	l	■	a	■	■	a
c	■	v	■	v	e	s	t	i	r
i	r	e	m	o	s	■	r	■	t
ó	■	■	i	■	t	r	a	j	e
n	o	v	e	l	a	■	t	■	n
■	s	■	d	■	r	■	o	y	e
c	o	n	o	c	é	i	s	■	s

Solutions

No. 115

p	e	l	i	g	r	o	s	■	h
■	s	■	n	■	e	■	u	ñ	a
b	o	r	d	e	s	■	e	■	c
o	■	■	i	■	t	a	r	d	e
m	é	t	o	d	o	■	t	■	p
b	■	a	■	e	s	p	e	j	o
e	s	m	á	s	■	u	■	■	c
r	■	b	■	e	f	e	c	t	o
o	j	o	■	o	■	d	■	í	■
s	■	r	e	s	p	e	t	a	r

No. 116

s	i	e	n	t	e	■	e	r	a
i	■	s	■	■	x	■	j	■	c
n	a	t	u	r	a	l	e	z	a
■	■	o	■	■	m	■	r	■	b
p	a	r	e	c	e	■	c	■	a
á	■	n	■	e	n	v	i	a	r
j	■	u	■	r	■	■	c	■	■
a	u	d	i	e	n	c	i	a	s
r	■	a	■	z	■	■	o	■	u
o	í	r	■	a	v	i	s	o	s

No. 117

s	i	g	n	o	s	■	c	a	e
a	■	e	■	i	■	o	■	t	■
l	e	n	t	a	m	e	n	t	e
■	■	e	■	p	■	c	■	r	■
c	á	r	c	e	l	■	i	■	n
a	■	a	■	v	e	n	e	n	o
s	■	c	■	i	■	■	n	■	■
a	s	i	s	t	e	n	c	i	a
d	■	ó	■	a	■	■	i	■	ñ
a	ú	n	■	r	e	g	a	l	o

No. 118

p	i	e	d	r	a	s	■	■	f
■	b	■	a	■	l	■	u	v	a
■	a	b	r	i	g	o	s	■	v
f	■	u	■	■	u	■	t	í	o
l	l	e	g	a	n	■	e	■	r
a	■	n	■	b	o	n	d	a	d
u	n	a	■	o	■	■	e	■	e
t	■	f	u	r	i	o	s	o	■
a	v	e	■	d	■	r	■	í	■
s	■	■	c	o	l	o	c	a	r

No. 119

■	■	m	i	r	a	d	a	s	■
v	e	o	■	o	■	o	■	o	■
a	■	d	a	s	■	s	a	l	a
r	í	o	■	t	■	■	u	■	u
o	■	■	■	r	e	i	n	o	s
n	o	v	i	o	s	■	■	■	e
e	■	a	■	■	t	■	c	o	n
s	i	n	o	■	■	u	s	o	■
■	r	■	l	■	f	■	p	i	e
■	a	c	a	b	a	b	a	■	■

No. 120

a	■	c	e	p	i	l	l	o	s
p	a	r	■	a	■	l	■	y	■
u	■	e	■	t	r	a	j	e	s
n	o	c	h	e	■	m	■	■	í
t	■	e	■	a	c	a	b	a	n
o	b	r	e	r	o	■	a	■	t
d	■	■	l	■	m	u	n	d	o
e	m	p	l	e	o	■	d	■	m
■	á	■	o	■	s	■	a	l	a
a	s	u	s	p	i	e	s	■	s

Solutions

No. 121

c	■	v	e	h	í	c	u	l	o
o	s	o	■	i	■	e	■	e	■
n	■	l	■	e	■	r	a	y	o
d	e	c	i	r	■	o	■	■	b
u	■	á	■	r	e	s	t	o	s
c	a	n	t	o	s	■	o	■	e
t	■	■	a	■	t	o	m	a	r
a	c	e	r	c	a	■	a	■	v
■	o	■	e	■	d	■	t	í	a
a	l	c	a	b	o	d	e	■	r

No. 122

■	■	i	m	p	o	r	t	a	■
v	e	r	■	i	■	e	■	m	■
i	■	s	o	n	■	d	i	o	s
e	s	e	■	c	■	■	r	■	e
r	■	■	■	e	s	t	á	i	s
n	o	v	e	l	a	■	■	■	e
e	■	o	■	■	n	■	t	a	n
s	u	y	o	■	d	i	o	■	t
■	ñ	■	j	■	í	■	d	í	a
■	a	b	o	g	a	d	o	■	■

No. 123

s	u	e	g	r	a	■	e	r	a
e	■	l	■	■	u	■	j	■	g
d	i	e	c	i	n	u	e	v	e
■	■	c	■	■	a	■	r	■	n
f	e	c	h	a	s	■	c	■	t
u	■	i	■	l	í	m	i	t	e
e	■	o	■	a	■	■	c	■	■
g	e	n	e	r	a	c	i	ó	n
o	■	e	■	m	■	o	■	o	■
s	u	s	■	a	v	i	s	o	s

No. 124

b	u	z	o	n	e	s	■	■	s
■	v	■	í	■	t	■	t	í	o
■	a	p	a	r	e	c	e	■	l
l	■	i	■	■	r	■	c	a	e
l	l	e	g	a	n	■	l	■	d
a	■	n	■	t	o	m	a	b	a
m	e	s	■	a	■	■	d	■	d
a	■	a	l	c	o	h	o	l	■
d	a	n	■	a	■	a	■	u	■
a	■	■	g	r	a	n	i	z	o

No. 125

a	ñ	o	■	b	o	n	d	a	d
c	■	b	■	l	■	■	o	■	a
t	o	s	t	a	d	o	r	a	s
u	■	t	■	n	■	■	m	■	■
a	■	á	■	c	o	m	i	d	a
l	e	c	h	o	s	■	t	■	b
■	■	u	■	■	c	■	o	■	i
p	e	l	u	q	u	e	r	o	s
o	■	o	■	■	r	■	i	■	m
r	o	s	t	r	o	■	o	r	o